高速铁路接触网工程施工

左传文　主编

中国铁道出版社有限公司

2021年·北　京

图书在版编目(CIP)数据

高速铁路接触网工程施工/左传文主编．—北京：中国铁道出版社，2019.3(2021.1 重印)

ISBN 978-7-113-25440-7

Ⅰ.①高… Ⅱ.①左… Ⅲ.①高速铁路-接触网-工程施工 Ⅳ.①U238②U225

中国版本图书馆 CIP 数据核字(2019)第 018872 号

书　　名：高速铁路接触网工程施工
作　　者：左传文

策　　划：张卫晓
责任编辑：张　瑜　　　　**编辑部电话：**(010) 51873017
封面设计：高博越
责任校对：苗　丹
责任印制：高春晓

出版发行：中国铁道出版社有限公司(100054，北京市西城区右安门西街 8 号)
网　　址：http://www.tdpress.com
印　　刷：北京柏力行彩印有限公司
版　　次：2019 年 3 月第 1 版　2021 年 1 月第 2 次印刷
开　　本：787 mm×960 mm　1/16　**印张：**9.75　**字数：**176 千
书　　号：ISBN 978-7-113-25440-7
定　　价：50.00 元

编 委 会

主　　编 左传文

副 主 编 亓　晨　李　伟　郭新伟

参编人员 郑宁科　刘思聪　强亚军

石　琼　刘国彦

前　　言

随着我国经济的高速发展，中国铁路进入一个快速发展的时期，铁路大规模的提速，尤其是京沪、武广、哈大等高速铁路的开通，标志着我国已进入高铁时代。

为规范铁路牵引供电接触网专业施工标准化管理，实施工程项目管理精细化，全面提升企业整体施工技术管理能力和水平，促进施工管理和作业人员全面掌握施工程序、施工工艺标准、施工方法及质量、操作要点要求，中铁一局集团电务工程有限公司组织技术人员编写了《高速铁路接触网工程施工》。本书的形成得益于中铁一局集团电务工程有限公司近年的施工技术经验和具体实践（先后参建甘青、郑徐、宝兰、哈牡客专）。

本书共分16章，涵盖高速铁路接触网工程从接口工程检查、支柱安装、硬横跨安装、吊柱安装、工厂化预配、腕臂安装、线索架设、设备安装、接触网静态检测与精调、送电开通、接触网动态检测与精调等各工序，明确了各工序的适用范围、工序流程，规范了各工序的作业标准、操作要点。本书具有系统性、针对性、实践性和简易性，对工序、工艺、质量、安全等内容进行了系统的阐述，让操作方法更到位，易于理解，更易于操作，实现"拿来就可用，用了就有效"。

本书可作为施工现场工程管理人员、施工技术人员的工具书。衷心希望本书能为高速铁路接触网工程施工技术发展尽绵薄之力，恳请同行对书稿中的不当之处提出宝贵意见。

目　　录

第一章　总　　则

第一节　一般规定

（1）建立健全质量保证体系，对工程施工质量进行全过程控制管理，强化质量责任终身制度。

（2）建立健全安全生产管理体系，遵照国家现行有关安全法规和按照《铁路通信、信号、电力、电力牵引供电工程施工安全技术规程》（TB 10306）、《铁路工程基本作业施工安全技术规程》（TB 10301）的有关规定及建设单位相关要求，进行施工安全管理工作。

（3）本施工作业操作手册适用于 200 km/h 及以上的客运专线电气化铁路接触网工程。

（4）建立并持续改进环境管理体系，制定并实施环境管理计划，有效减少施工对环境的影响。

（5）重视职业健康和劳动卫生保护，制定管理计划并进行有效控制，防止发生职业健康安全事故。

（6）根据施工方法、工期要求、工程特点、地质条件等综合因素，按照“技术先进、安全适用、节能环保”的原则合理配置使用机械设备，积极推进机械化施工。

（7）原材料应集中采购，预制电缆槽、接触网桩基钢筋框架、整体吊弦及腕臂结构等采用工厂化施工。

（8）预配件、零部件中螺栓应采用力矩扳手紧固，紧固力矩符合产品技术文件要求。

（9）应根据工程规模、工序特点和施工难易程度，组建专业管理机构和专业化的作业队伍进行施工。关键工序、关键岗位的管理和作业人员应持证上岗，作业组人员相对固定。

（10）应建立可靠有效的信息管理系统，保证工程施工管理信息及时、畅通，确保施工安全和工程质量可追溯性。

（11）施工现场管理应符合《铁路建设项目现场管理规范》（Q/CR 9202—2015）的相关规定。施工现场规划应遵循以人为本、因地制宜、节约用地、符合施工需要的原则，合理布置生产区、辅助生产区、办公生活区等，防洪、防火、防爆等应符合国家现行相关标准的规定。

(12)施工单位应参加设计交底工作,重点关注接触网预留基础、所亭场坪、电缆沟槽管洞预留及相关专业接口等内容。

(13)应做好施工调查工作,现场核对设计文件,与设计不符时应及时报告。

(14)应做好进场设备、材料的检查验收。

(15)施工单位应配齐试验检测专业技术和管理人员,建立完善的岗位责任制和各项管理制度,配备仪器设备,确保试验检测数据真实、准确。

第二节　施工工序流程图

接触网施工工序流程如图 1-2-1 所示。

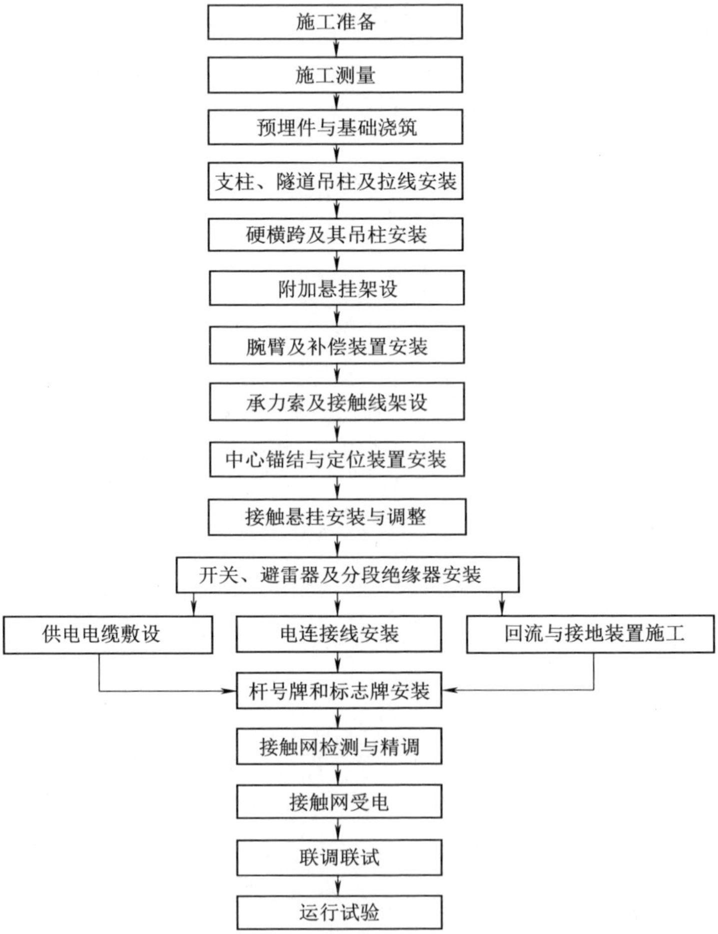

图 1-2-1　接触网施工总流程图

第二章　接口工程检查

第一节　支柱及拉线基础预留检查

1. 适用范围

适用于新建高速铁路桥梁、路基预留接触网支柱及拉线基础接口工程质量检查,包括基础型号核对、基础纵向位置核对、基础螺栓限界测量检查、基础扭转检查、基础标高测量复核、基础螺栓间距及外露测量检查、基础螺栓防腐检查、基础螺栓保护层测量检查,但此检查仅属于工序交接的外观质量检查和前期配合检查指导范畴。

2. 工序流程

支柱及拉线基础预留检查工序流程如图 2-1-1 所示。

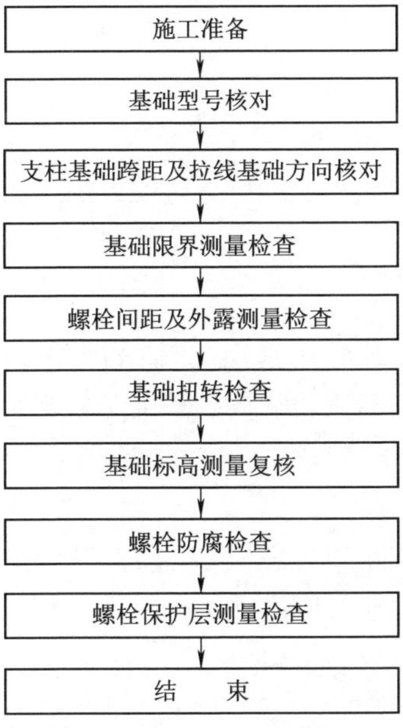

图 2-1-1　支柱及拉线基础预留检查工序流程图

3. 施工技术标准

(1)基础中心里程允许偏差±500 mm。

(2)基础中心至线路中心的距离应符合设计要求,允许偏差0～50 mm。

(3)基础横线路方向中心线应与线路中心线垂直,允许偏差不大于1.5°。

(4)基础高程允许偏差20 mm。同组硬横梁基础顶面高程相对偏差不超过50 mm。

(5)拉线基础距锚柱距离允许偏差±200 mm。

(6)拉线基础中心与相应下锚支柱基础中心的连线与线路中心线平行。

(7)螺栓外露长度及间距允许偏差应符合表2-1-1的要求。

表2-1-1 基础外形尺寸、地脚螺栓外露长度、间距施工允许偏差

项　目	允许偏差
螺栓外露长度及螺纹长度	0～5 mm
螺栓相邻间距	±1 mm
螺栓对角线间距	±1.5 mm
螺栓应垂直于水平面,每个螺栓顶部的中心位置偏差	0～1 mm
靠近线路侧螺栓连线的法线应垂直线路中心线,一组螺栓的整体扭转	±1.5°
混凝土保护层厚度	±10 mm
基础横断面尺寸	±20 mm
预埋钢板应与基础面平齐	0～5 mm
预埋钢板中部预留孔中混凝土略高于预埋钢板顶面	0～5 mm
预埋钢板应水平,高低偏差	<5 mm

4. 操作要点

接触网支柱基础和拉线基础通常由土建单位施工,由于土建施工单位对接触网基础预埋标准和功能要求不清,易造成支柱安装困难且留有后患,该项目预留数量大,工艺控制难度高。因此,应根据建设方需求提前介入,配合施工。

(1)基础型号核对

对照接触网基础预留平面布置图,现场核对基础型号。如果型号不符,及时向土建单位提出并协助制定整改方案。

(2)支柱基础跨距及拉线基础方向核对

接口工程检查人员到达现场后,使用手持激光测距仪对支柱基础的跨距进行复核,如与设计图不符或偏差超标时,应向土建施工单位提出,由土建施工单位纠正。

对拉线地脚螺栓预埋的方向与设计图核对，如与设计图相反，应向土建施工单位提出，由土建施工单位纠正。

(3)基础限界核对

基础限界一般指基础中心至线路中心的距离。基础限界核对，目的是保证在支柱安装后的支柱限界不小于设计值。《高速铁路设计规范》中要求无砟轨道区段支柱限界一般不小于 3 000 mm，有砟轨道区段支柱限界不小于 3 100 mm。

基础限界的核对应考虑支柱型号，即支柱横线路方向的宽度，如高铁用 H 型钢柱一般有 GH240、GH280、GHT240、GH300 等型号，其半宽分别为 120 mm、140 mm、135 mm、150 mm。故无砟轨道区段支柱中心距线路中心距离分别为 3 120 mm、3 140 mm、3 135 mm、3 150 mm，因此基础限界应不小于以上数值。

基础限界的测量一般采用 5 m 钢尺测量，测量结果须满足设计要求，如与设计要求偏差超标，应向土建施工单位提出，督促进行整改。

桥梁区段基础限界测量：对于标准箱梁来说，在桥梁架设前，可采用保证基础顺线路后排螺栓(田野侧)距梁边沿距离为 100 mm≤a≤115 mm，如图 2-1-2 所示，但仅为粗略测量，在桥梁架设完成后必须依据站前施工单位的交桩线路中心复测。

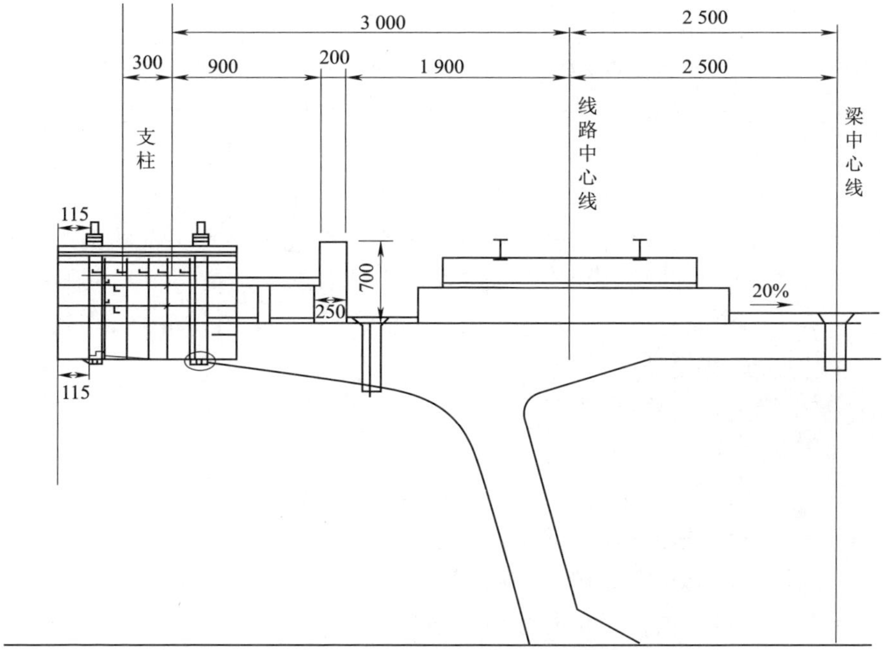

图 2-1-2　桥梁预留基础螺栓限界测量校核(单位：mm)

路基区段基础限界测量：必须在站前单位线路中心桩交接后进行。

(4)预埋螺栓间距及外露测量检查

预埋螺栓间距的测量检查，检查人员可采用 2 m 长钢卷尺或标准螺栓间距模板，对已施工完毕的支柱、拉线基础螺栓间距进行测量，检查是否满足设计要求。钢卷尺测量如图 2-1-3 所示，标准螺栓间距模型板检测如图 2-1-4 所示。如出现测量或检查结果与设计要求偏差超标，则记录并向土建施工单位提出，督促进行整改。

图 2-1-3 钢卷尺测量方法

图 2-1-4 模型板测量方法

预埋螺栓外露测量检查，检查人员可采用 2 m 长钢卷尺分别对基础所有的螺栓进行长度测量，将测量结果与设计要求对比，检查是否满足设计要求。如出现测量结果与设计要求偏差超标，则记录并向土建施工单位提出，督促进行整改。

(5)基础扭转检查

检查人员采用丁字尺与钢卷尺(5 m)来测量靠近线路侧一排的两端螺栓，通过求测量值的差值与两端螺栓之间的距离比值，再反正切值，求得基础扭转的角度。将计算出的角度与设计要求进行对比，如与设计要求偏差超标，则记录并向土建施工单位提出，督促进行整改。

(6)基础标高测量复核

基础标高测量复核主要是检查腕臂底座采用预留孔安装的接触网支柱基础标高是否符合设计要求，目的是保证接触网腕臂的安装高度正确。检查人员通过水准仪或全站仪，利用站前单位布设的 CPⅡ或 CPⅢ平面控制网对接触网支柱基础标高进行测量，测量前必须与站前施工单位联系，做到交桩事项明确，并做好记录。将测量的基础标高与轨面标高进行对比，求得高差是否满足设计允许偏差，如满足则为合格基础，如与设计要求偏差超标，则记录并向土建施工单位提出，督促进行整改。

(7)基础螺栓防腐检查

检查人员通过目测检查基础螺栓的防腐情况,对出现螺栓生锈或被混凝土等污染的现象进行记录,及时督促土建施工单位整改。

(8)基础螺栓保护层检查

检查人员采用钢卷尺对基础螺栓的混凝土保护层进行测量,检查是否满足设计要求,对出现超标严重的予以记录,并及时督促土建施工单位整改。

(9)结束

当天任务完成后,施工负责人填写接口工程检查记录表,并建立电子版基础检查接口问题库。

第二节　隧道预留槽道检查

1. 适用范围

适用于新建高速铁路隧道壁预留接触网槽道检查。

2. 工序流程

隧道预埋槽道检查工序流程如图 2-2-1 所示。

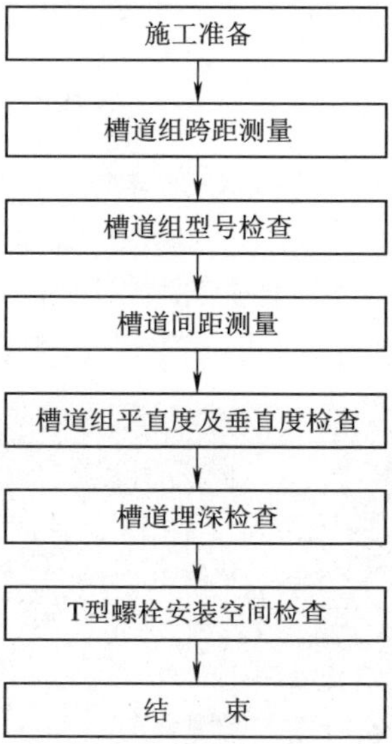

图 2-2-1　隧道预埋槽道检查工序流程图

3. 施工技术标准

(1)预留槽道型号、位置符合设计要求。

(2)接触网吊柱预埋槽道组误差为±50 mm;补偿下锚预埋槽道组误差为±50 mm。

(3)所有单个槽道内泡沫填充物完好,不得被混凝土覆盖,滑槽不得出现扭曲变形,允许嵌入误差(槽道底面与台车模板距离)不大于 5 mm。

(4)所有弧形槽道中心线与隧道中心线垂直度误差为±5‰L(L 为槽道长度)。

(5)所有直形槽道中心线与线路中心线平行度误差为±5‰L(L 为槽道长度)。

(6)补偿下锚槽道组内直形槽道中心线与弧形槽道中心线垂直度误差为±5‰L(L 为槽道长度)。

(7)隧道内槽道组间(接触网吊柱跨距)允许施工误差为±500 mm。

(8)槽道与水平或垂直方向的偏斜为±5 mm/1 000 mm,两滑槽应平行,两槽间距离允许偏差为±5 mm。

4. 操作要点

由于土建施工单位对接触网基础预埋设计标准不是十分清楚,往往造成预埋件误差超过设计要求,甚至遗漏,造成后续吊柱安装困难和返工,且数量较多、难度大,严重影响接触网施工。因此,需要提前介入,配合施工。

(1)施工准备

①提前介入,与土建施工单位联系,根据施工单位分布及施工进度,分组配合、指导槽道预埋,需站前提供的滑道检查确认条件:

a. 清理出槽道表面的混凝土覆盖层及槽道内部的水泥。

b. 做好槽道的标记工作,标出槽道的型号、实际施工里程,便于测量及记录。

c. 如图 2-2-2 所示,标出槽道的测量参照物:隧道中心线、股道中心线。

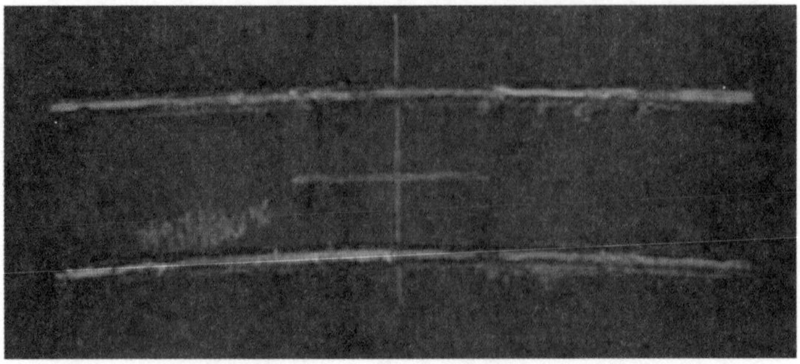

图 2-2-2　槽道中心线与隧道中心线标注

d. 槽道施工单位提供自检表，并由监理签字认可槽道质量合格后，作为移交的基础资料。自检表应涵盖预埋设计图中要求的全部参数，测量数据应与现场相符，如槽道间距应测量左侧间距、右侧间距等。

e. 槽道施工单位对存在安全质量隐患的槽道、废弃槽道应作出特别书面说明，现场必须做出不合格品明显标记，防止接收单位误施工。

f. 槽道施工单位提供必要的现场测量工具，如测量车平台、游标卡尺、钢卷尺（5 m、50 m）、接地电阻表（测量槽道与综合接地的连接情况），以便现场确认。

②对配合人员进行技术交底，使配合人员熟悉施工图，了解设计原则和技术标准及注意事项。

③施工前，应会同站前施工单位对槽道预埋质量进行全面检查，并填写记录表。

（2）施工工艺

①核对跨距

配合人员到达现场后，用 50 m 钢尺对隧道预埋槽道组的跨距进行复核，如与设计图不符或偏差过大时，由土建施工单位纠正。

②槽道组类型检查

对预埋槽道组的类型、方向与设计图核对，如与设计图不符，应向土建施工单位提出，予以纠正。

③槽道组平直度和垂直度检查

测量人员应采用丁字尺、线坠及钢尺，核对土建施工单位预埋槽道组的平直度和垂直度，如超出验收标准，应向土建施工单位提出，予以纠正。

④核对槽道间距

检查人员登上加高梯车，利用钢卷尺测量槽道组两端和中间处的槽道间距，然后计算平直度或垂直度是否满足设计要求，对于扭曲变形情况应视为不合格，向土建施工单位提出，进行整改。

⑤核对槽道埋深

检查人员登上加高隧道检查平台，利用钢卷尺测量槽道组两端和中间处的槽道埋深偏差是否处于 0～5 mm，如图 2-2-3 所示，如超出此范围，向土建施工单位提出，进行整改。

⑥检查槽道安装空间

检查人员登上加高梯车，利用 T 型螺栓在槽道内滑动，如槽道内各处均能顺利通过，说明满足安装要求，否则向土建施工单位提出，进行整改。

⑦检查槽道安装稳定性

检查人员通过向业主要求，由土建施工单位提供安装记录、监理日志，以及随施工人员到现场等方式进行槽道安装稳定性检查。

图 2-2-3　槽道埋深测量

⑧检查有无遗漏

对照隧道槽道预留平面布置图，现场核对各类型预留槽道有无遗漏，如发现遗漏，应及时向土建施工单位提出并上报设计单位，监督土建施工单位的整改。

⑨结束

当天任务完成后，施工负责人签写施工记录。

第三节　与土建等其他预留预置接口检查

1. 适用范围

适用于高速铁路路基过轨管预留、综合接地端子、下锚支柱基础 CPⅢ桩、设备支柱基础 CPⅢ桩、下锚支柱处声屏障、设备支柱处声屏障、电缆槽、桥梁电缆爬架预留检查配合。

2. 工序流程

路基过轨管及手孔检查工序流程如图 2-3-1 所示，路基基础接地端子检查工序流程如图 2-3-2 所示，路基 CPⅢ桩位置检查工序流程如图 2-3-3 所示。

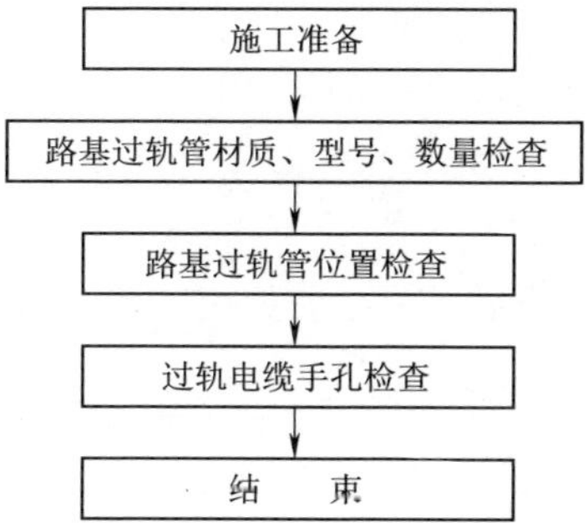

图 2-3-1　路基过轨管及手孔检查工序流程图

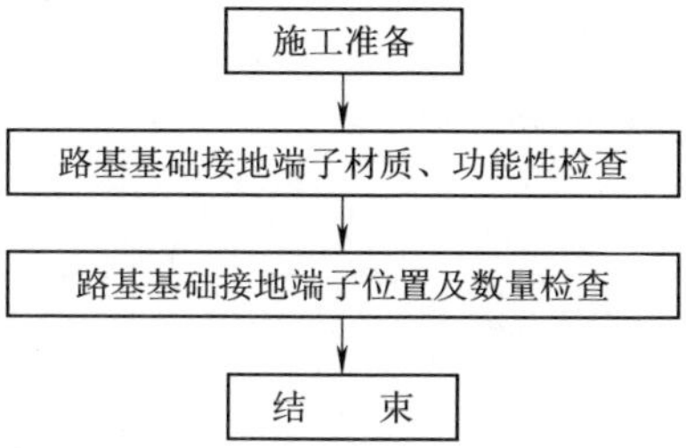

图 2-3-2　路基基础接地端子检查工序流程图

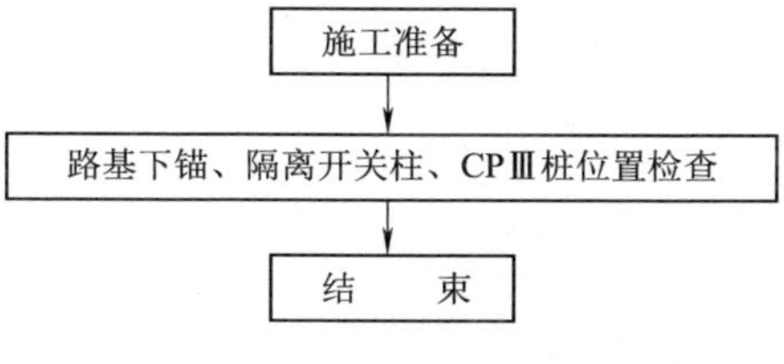

图 2-3-3　路基 CPⅢ桩位置检查工序流程图

3. 施工技术标准

(1)路基过轨管及手孔

①接触网预留过轨管、手孔中心距接触网支柱基础中心里程 1.5 m 设置，预留里程位置及方向以站前施工图图示为标准。其中变电过轨管距离接触网手孔外沿为 0.5 m。

②接触网过轨管采用高强 PVC 管或波纹管，外包混凝土；过轨管的具体规格、型号及数量详见站前施工图。

③所有过轨管道预埋时，每根管内应预穿 $\phi4.0$ mm 镀锌铁线 2 根，并在两管

头预留 1 m 长，用油麻或软布等封堵管头；同时管头两端穿入电缆槽或手孔（电缆井）。

④接触网专业预留过轨管位置如与其他设施位置有冲突时，请施工单位联系设计单位进行调整。

⑤每处过轨管两端均与手孔连接，手孔尺寸满足设计要求。过轨管底部距手孔底部 10 mm 以上。

⑥过轨管与手孔内壁平齐。

（2）路基接触网基础接地端子

正线两侧路基上接触网支柱基础预留接地端子，并与综合接地线可靠连接，如图 2-3-4 所示。

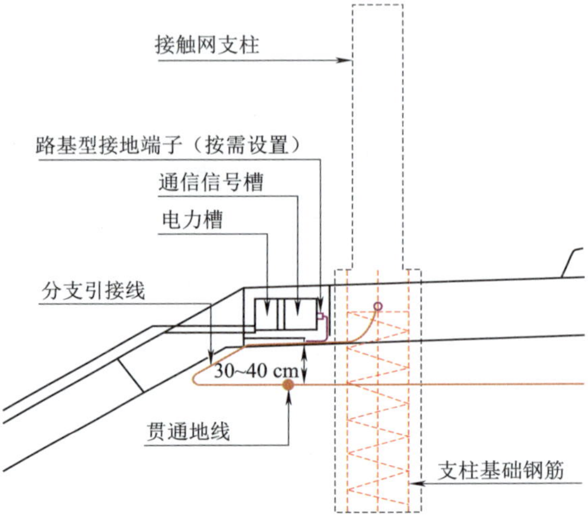

图 2-3-4　接地端子预留示意图

（3）桥梁预留电缆爬架

①沿桥墩上下桥的电缆应采用钢槽防护，其中钢槽在地面以下部分埋深不得小于 50 cm，地面以上的电缆槽外部应采用砖围桩防护，围桩高度不得小于 2.0 m。

②梁部及墩身预埋槽道应严格保持水平等距，预埋深度要求与混凝土面齐平，不得突出或被混凝土掩盖，槽道内的保护泡沫层不得挖出。

③应保证槽道预埋的强度、防腐、美观要求，保证同一高度的两根槽道尽量水平；同时还应保证槽道的使用要求，不能嵌入混凝土，不能扭转、变形等。

（4）路基段 CPⅢ桩预留

站前单位用于测量的 CPⅢ桩精测网，往往与接触网支柱基础浇筑在一起，其设置位置应避开接触网下锚坠砣、隔离开关操作机构箱及远动光纤控制箱。

(5)桥梁段声屏障预留

桥梁区段设置的声屏障,往往与接触网下锚坠砣、隔离开关操作机构箱及远动光纤控制箱相冲突,此位置处的声屏障应采用特殊设置。

4. 操作要点

路基过轨管及手孔、基础接地端子、桥梁电缆爬架、CPⅢ桩以及声屏障通常由土建单位施工,由于土建施工单位对接触网基础预埋标准和功能要求不清,易造成预留困难且留有后患,该项目预留数量大,工艺控制难度高。因此,必须提前介入,配合施工。

(1)路基过轨管及手孔核对

①核对过轨管材质、管径尺寸是否满足设计要求,对于接触网专业来说,应采用高强度 PVC 管,管径应能满足接触网单根电缆通过,现场采用 5 m 钢卷尺对其内径进行测量,检查是否满足接触网设计电缆通过的要求。如果材质、型号不符,及时向土建单位提出并协助制定整改方案。

②对照过轨管平面布置图,核对预埋过轨管的处数及每处的数量是否满足接触网的设计要求。如果数量不对,及时向土建单位提出并协助制定整改方案。

③核对过轨管手孔位置及尺寸是否满足设计要求,如不满足,及时向土建单位提出并协助制定整改方案。

(2)路基基础接地端子核对

接口工程检查人员到达现场后,应按照基础施工图对路基上预留的接地端子进行下列核对:

①核对接地端子材质及型号是否满足设计图纸要求。

②核对接地端子预埋端面是否与基础面平齐,不能嵌入基础内。

③核对接地端子的预埋位置以及数量是否满足设计图纸要求。

以上内容如与设计图不符时,应及时向土建施工单位提出,由土建施工单位纠正处理。

(3)桥梁区段预留电缆爬架

桥梁区段预留电缆爬架主要包括两部分:一是桥墩上的预留爬架,二是桥梁上的预留爬架。接口工程检查人员到达现场后,主要核对以下内容:

①桥梁及桥墩上预留的电缆爬架应在同一侧,并且在上网方向的一侧。

②电缆爬架应满足 T 型连接螺栓的匹配性和适应性,即与之配套的 T 型螺栓能够在滑槽内滑动自如。

③电缆爬架的预埋数量应满足设计图纸要求。

④电缆爬架的预埋深度应满足使用要求,即爬架的端面应与混凝土面平齐,不

能出现埋入现象，误差不能大于 5 mm。

以上检查内容如与设计要求偏差超标，应向土建施工单位提出，督促进行整改。

(4)CPⅢ桩与接触网的冲突检查

CPⅢ桩是土建施工单位为了加密精测网设置在接触网基础上的混凝土桩，利用预埋在桩顶端的测量点来建立线路的精密基准测量点。CPⅢ桩与接触网的相互影响往往集中在接触网下锚和隔离开关支柱处，为避免发生冲突，应做到：

①对于未施工的CPⅢ桩，接口工程人员应在施工前告知土建施工单位接触网下锚和隔离开关的具体位置，此处最好不要设置CPⅢ桩，以避免土建单位多层次交底，出现误交、错交或漏交，导致施工错误。

②对于已经施工完的CPⅢ桩，应重点检查，检查CPⅢ桩在下锚支柱基础的位置，如在支柱的拉线侧，则符合要求，如在下锚棘轮侧，应测量桩距支柱的距离，测量数据是否满足下锚坠砣及限制架的安装要求，如满足则符合要求，如不满足则及时通知土建单位整改；检查设备支柱处的CPⅢ桩，一是看是否能够满足操作机构及光纤控制箱的安装要求，二是看操作机构及光纤控制箱安装后操作门能否打开，如不满足则及时通知土建单位，督促尽快完成整改。

(5)声屏障与接触网的冲突检查

声屏障一般由土建单位施工，是将H型钢柱与声屏障预制板固定在桥梁田野侧的遮掩板上，声屏障与接触网的冲突主要集中在接触网下锚和隔离开关处，为避免发生冲突，应做到：

①对于未施工的声屏障，接口工程人员应在施工前告知土建施工单位接触网下锚和隔离开关的具体位置，了解此处声屏障的设计方案，是否已经考虑了避免发生冲突的因素，如考虑了可以做到互不影响，则可以实施。

②对于已经施工完的声屏障，应重点检查，检查接触网下锚处的声屏障是否与接触网下锚坠砣相互影响，影响坠砣的自由窜动，如不自由窜动，则及时通知土建单位，督促尽快完成整改；检查设备支柱处的声屏障，一是看是否能够满足操作机构及光纤控制箱的安装要求，二是看操作机构及光纤控制箱安装后操作手柄能否正常操作，如不能则及时通知土建单位，督促尽快完成整改。

第三章　支柱安装及整正

第一节　支柱安装及整正

1. 适用范围

适用于新建高速铁路法兰盘式腕臂支柱，包括 H 型钢柱、混凝土法兰等支柱的安装及整正。

2. 工序流程

支柱安装及整正工序流程如图 3-1-1 所示。

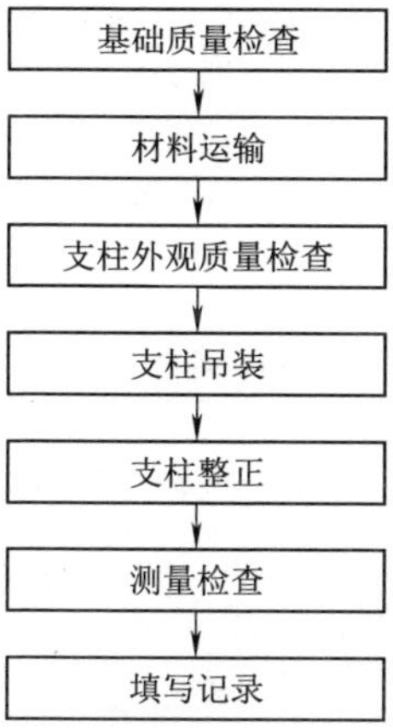

图 3-1-1　支柱安装及整正工序流程图

3. 施工技术标准

(1)基础交接

①支柱基础型号、螺栓间距及外露均应符合设计要求。

②基础限界应符合设计要求，无砟轨道基础中心距相邻线路中心为 3 150 mm，误差为 0～50 mm；有砟轨道基础中心距相邻侧线路中心为 3 250 mm，

误差为 0～50 mm。

③支柱基础面应保持水平，螺栓与基础水平面垂直，螺栓顶部偏离垂直位置距离不应大于 1 mm。

④基础螺栓顺线路方向应与线路平行，扭面不大于 1.5°。

⑤基础螺栓不应出现锈蚀、弯曲等现象或被沥青、混凝土等污染。

⑥基础螺栓保护层应满足设计要求。

(2)支柱安装

①支柱斜率(从支柱底部算起)允许施工偏差应符合表 3-1-1 的规定。

表 3-1-1 支柱斜率允许偏差

斜率方向	支柱类型	施工偏差(mm/m)	备 注
横线路方向	中间柱、关节内悬挂一支支柱、转换柱、对锚柱、锚柱、开关设备柱	0.1%～0.5%	接触悬挂锚柱按接近 0.5%，曲内柱按接近 0.1%
	桥上悬挂一支锚支转换柱；分相中悬挂两支锚支一支工支转换柱	±0.2%	受力后斜率 0～0.5%
顺线路方向	中间柱、转换柱、对锚柱	±0.2%	
	接触悬挂锚柱	偏向拉线侧 0.5%～1%	受力后偏向拉线侧 0～0.5%

②支柱安装紧固力矩应符合设计要求，螺母、垫片安装位置、数量符合表 3-1-2 的规定。

表 3-1-2 支柱安装螺母紧固力矩

序号	螺栓型号	力矩(N·m)	单位	数量	备 注
1	M24	275	根	2	根据图纸选用型号
2	M39	1 235	根	3	每根螺栓
3	M42	1 528	根	3	每根螺栓 1 个调整螺母，1 个紧固螺母，1 个锁紧备母，2 个 10 mm 厚的垫片

③支柱选用时根据基础面标高测量数据来确定，如支柱装配采用预留孔内安装形式，钢柱腕臂底座位置预留了间距 100 mm 的三排孔，基础高度施工偏差在 120 mm 内选用标准钢柱，超过该值的选用特型(孔位)钢柱。

④当侧面限界小于 2.95 m 或曲内正定位、转换柱等侧面限界小于 3.0 m，通过软件验证不能保证零部件正确安装位置时，要作为异型柱，调整预留孔位置，支柱类型确定时要特别注明。

⑤支柱容量、高度(型号)选用符合设计图纸的规定。支柱斜率允许施工偏差

符合验标及内控标准。

⑥H 型钢柱端面应与线路平行，支柱扭面允许偏差为±2°。

⑦环形等径预应力混凝土支柱承载后外观质量表面光洁平整，无混凝土脱落和露筋现象；不得有横向、纵向裂纹。

⑧支柱侧面限界应符合设计要求，允许偏差见表 3-1-3。

表 3-1-3　支柱侧面限界允许偏差

项　目	允许偏差(mm)
H 型钢柱、圆钢管柱、等径混凝土支柱	+50 0

⑨接触网支柱承载后横、顺线路方向应直立，施工允许偏差应符合表 3-1-4 的规定。

表 3-1-4　支柱承载后倾斜允许偏差(从基础面算起)

项　目	标　准	允许偏差
支柱横线路方向	直立	0.5%
支柱顺线路方向	直立	±0.5%
锚柱	向拉线侧倾斜	0～1%
曲线外侧和直线腕臂柱横线路方向	向受力反侧倾斜	0～0.5%
锚段关节中心柱、曲线内侧支柱及转换柱	向受力反侧倾斜	0～0.5%
两侧式悬挂支柱、安装隔离开关的支柱横、顺线路方向	直立	0.5%
转角支柱的中心	向受力反方向倾斜 1%	0.5%

4. 操作要点

(1)基础质量检查

支柱安装前，对当天需安装的支柱进行最后检查确认，确认基础质量满足立杆要求。

(2)支柱运输

厂家发货的支柱，由作业队派人引导运货车，就近运送到施工点或附近位置卸货，有条件时可逐根卸到支柱基础附近或桥下，在现场做好验收检查；施工时无条件时可集中卸车，如图 3-1-2 所示，再另行组织机械或人力在地面或吊到桥上车辆倒转运支柱，立杆前支柱倒运完成，轨道铺设前采用普通胶轮车倒运支柱，如图 3-1-3 所示，轨道铺设后采用轨行平板车倒运支柱，如图 3-1-4 所示。

图 3-1-2　支柱运输至指定位置码放

图 3-1-3　铺轨前的支柱倒运

图 3-1-4　铺轨后的支柱倒运

(3)支柱外观质量检查

安装符合产品规格书和技术标准要求，主要检查合格证和检验报告、支柱型号与标识、外观尺寸、预留孔位、挠度与平直度、防腐和表面等质量情况。

(4)螺母预调整

①根据现场情况安装安全带固定装置。

②清理基础螺栓丝纹上的杂物。采用基础螺栓清理丝纹工具，必要时配合使

用套筒保护装置清理基础螺栓上的杂物。

③调整下部螺栓水平。根据基础标高在进行支柱吊装前，提前安装下部调整螺母的高度，依次戴好垫片，用自制水平尺对调整螺母的纵向、横向进行水平调整，对斜率要求比较大的支柱可直接用水平尺测出调整螺母的基本坡度，再戴好垫片，如图 3-1-5 所示，以减少支柱安装后的整正工作。

图 3-1-5　支柱安装前的螺母预调整

(5)支柱吊装

①支柱吊装前应再次核对基础型号及支柱型号，作业负责人引导汽车吊到合适位置，打上支腿，同时运杆汽车配合汽车吊运行到位开始吊装。

②支柱吊装应采用高强度尼龙吊装带，防止损伤支柱表面漆层及镀锌层，同时采取防吊装带脱落措施。桥上作业人员先安装好安全带固定装置，并系好安全带，如图 3-1-6 所示。

图 3-1-6　支柱安装前的人员安全防护

③支柱吊装对位时防止碰撞基础螺栓，下落时要缓缓下落，防止刮伤螺纹。每

个螺栓都戴上主螺母，预紧后方可收吊臂。图 3-1-7～图 3-1-10 为不同的吊装方式：图 3-1-7 为轨道铺设前在桥梁上进行吊装，图 3-1-8 为汽车吊在施工便道进行吊装，图 3-1-9 为无砟轨道铺设后采用改装的适合两线间行走的汽车吊进行吊装，图 3-1-10 为轨道铺设后采用轨行安装列车进行吊装。

图 3-1-7　汽车吊桥上吊装

图 3-1-8　汽车吊桥下吊装

图 3-1-9　使用小吊车在两线间立杆

图 3-1-10　使用安装列车轨道吊立

（6）支柱整正

如图 3-1-11 所示，立杆小组人员先使用斜率尺对支柱的纵线路方向和横线路方向斜率进行检查，对不达要求的进行初步调整。调整时，先松动主螺母，用撬棍抬动支柱，根据斜率有目的地调整柱底调整螺栓。

如图 3-1-12 所示，整正小组人员随后使用经纬仪对纵线路方向和横线路方向斜率已基本达标的支柱进行精调，满足各类型支柱的斜率要求。

图 3-1-11　使用防风斜率尺初调

图 3-1-12　使用经纬仪精调斜率

支柱斜率、标高精调达标后，检查支柱底部每个调整螺母是否已全部密贴紧固，再对每个螺栓的紧固螺母进行紧固。紧固时，应对角循环紧固，紧固主螺母到标准力矩后，上好锁紧螺母，上好锁紧备母，依次紧固锁紧螺母。配合使用交叉扳手和快速整杆套筒，可提高效率。

柱底调整螺母应至少有一个与基础顶面相接触。施工时应注意支柱法兰盘上下与螺母之间均有垫片。

第二节　硬横梁钢柱安装

1. 适用范围

适用于新建高速铁路圆管硬横梁钢柱安装及整正。

2. 工序流程

硬横梁钢柱安装工序流程如图 3-2-1 所示。

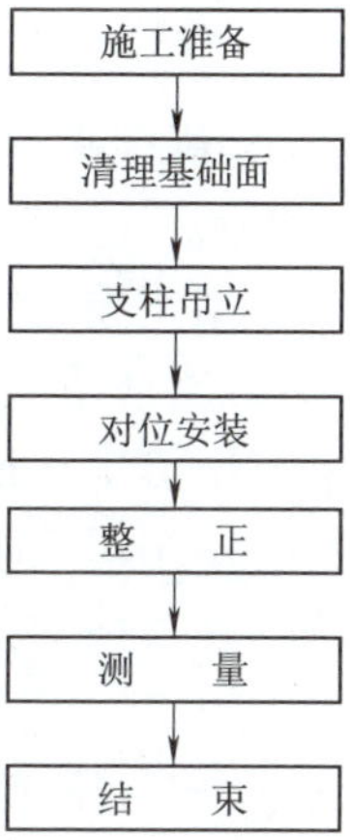

图 3-2-1　硬横梁安装工序流程图

3. 施工技术标准

(1)硬横梁基础浇筑时，应成对进行，保证复核同组硬横梁对应两基础顺线路、垂直线路方向偏差符合技术标准要求。

(2)圆管柱的角钢不应有弯曲、扭转现象，格构式钢柱主角钢弯曲不应大于 1/750。

(3)表面镀锌层应完好均匀、光洁无损，焊接处不应有裂纹。

(4)紧固螺母时应对角循环进行,使受力均匀且力矩符合设计要求。

(5)钢柱应按批次进行进场验收,其规格、型号、质量应符合设计要求和《电气化铁路接触网钢支柱》(GB/T 25020)的规定。

(6)钢柱型号、规格及安装位置应符合设计要求。

(7)支柱侧面限界应符合设计要求,施工允许偏差应符合表 3-2-1 的规定,在任何情况下,严禁侵入基本建筑限界。

表 3-2-1 支柱侧面限界允许偏差

项　　目	允许偏差(mm)
硬横跨支柱	+200

(8)接触网支柱承载后横、顺线路方向应直立,施工允许偏差应符合表 3-2-2 的规定。

表 3-2-2 支柱承载后倾斜允许偏差(从基础面算起)

项　　目	标　准	允许偏差
硬横跨钢柱顺、横线路方向	直立	0.5%

(9)支柱基础帽混凝土强度不应小于设计值,支柱底板与基础顶面间的空隙填塞密实,排水畅通。

(10)基础帽各部尺寸应符合设计要求,施工允许偏差为±10 mm,基础帽表面平整、光洁,成形美观。

4. 操作要点

(1)清理基础面

①用钢丝刷、扫把将地脚螺栓及基础面清理干净。

②用钢卷尺校核地脚螺栓间的相互距离,未达标的应处理达标。

(2)支柱吊立

①轨道车司机听从施工负责人指挥,对位、停稳。

②吊车司机听从施工负责人指挥,操作吊车升臂落钩,平板车上作业人员将尼龙套套在支柱上,待吊钩下落到位后,挂在吊钩上。吊车司机操作吊车起钩旋臂至基础上方。

(3)对位安装

①由立杆人配合扶、推,使钢柱底部孔位对准基础螺栓。

②吊车司机听负责人指挥落钩,使钢柱徐徐下落,待基础螺栓全部进入孔位直至钢柱置放在基础面上。

③将每根螺栓各戴上一个垫片、螺母后手紧固。吊车司机落钩摘下钩，并使吊臂吊钩归位。

④立杆车继续上述②、③程序，进行下一钢柱安装。

(4)整正

①用经纬仪或支柱斜率测量仪测量支柱顺、横线路方向强度，先目测支柱顺、横线路方向强度，根据调整需要松动螺母，在支柱下加垫垫片，调整钢柱倾斜度。

②支柱顺、横线路强度达标后，用套筒扳手将螺母循环拧紧，并用力矩扳手检测紧固力矩。

(5)测量

同组支柱整正完成后，进行同组支柱间距测量，采用钢卷尺测量，误差控制在±20 mm以内。

(6)结束

①结束前20 min时，停止施工，收回机具，吊车收钩、落臂，归位，安列司机按行车命令要求返回车站。

②负责人填写施工记录。

(7)填写记录

支柱安装整正和测量后，填写硬横梁支柱安装记录表，并将测量结果交项目部工程技术部，作为横梁长度计算的依据。

第四章　隧道吊柱安装

1. 适用范围

适用于高速铁路隧道内预留接触网槽道的吊柱安装。

2. 工序流程

预留槽道吊柱安装工序流程如图 4-0-1 所示。

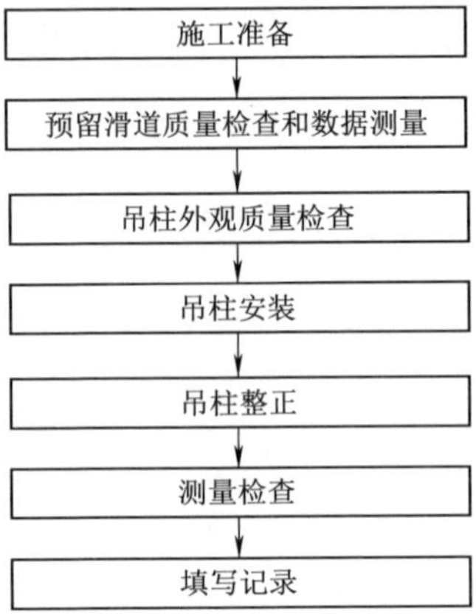

图 4-0-1　预留槽道吊柱安装工序流程图

3. 施工技术标准

(1)吊柱型号、安装位置符合设计要求。

(2)吊柱侧面限界允许误差为 0～20 mm。

(3)调整垫片(闭合)不超过 2 片,每个垫片厚度宜为 3 mm、5 mm 或 10 mm,最大合计厚度(底盘空隙)不应超过 20 mm,否则应改变底盘与吊柱的加工制造角度。

(4)吊柱受力后,要求为垂直,向受力反方向偏斜 1°。初安装时,一般吊柱按向受力反方向倾斜 0.5%～1%施工(吊柱下端向腕臂安装侧倾斜);悬挂下锚非支腕臂的吊柱,垂直安装,吊柱下端向腕臂反侧倾斜 0～0.5%。

(5)最终吊柱位置对相邻线路的最小限界应满足《高速铁路设计规范》(TB 10621—2014)第 1.0.6 条建筑限界要求,并注意曲线地段的加宽、直线地段吊柱与建筑限界的关系。同时满足受电弓在动态情况下的对吊柱的瞬间间隙不小于 200 mm 的要求。直线区段水平晃动 250 mm,曲线区段水平晃动 350 mm。

(6)腕臂底座位置按照设计要求高度安装。

4. 操作要点

(1)吊柱安装

①采用组装式作业台或采用升降式作业平台,有条件的使用轨道作业车。先在要安装吊柱的槽道位置处将作业台组装,作业台顶踏面高 8.7 m。

②测量安装位置:由两名作业人员上作业台,放下线坠并垂吊,地面人员与之配合,测量吊柱限界,台上人员移动线坠,当与限界一致时,用记号笔做记号,再根据吊柱顶端法兰宽度,划出法兰盘前后两边沿的位置,并剔除槽道内的填充物。

③如图 4-0-2 所示,两名台上作业人员用钢卷尺和水平尺相互配合测量两边沿线的高差(标准吊柱顶法兰盘倾斜 3.5°,高差应为 31 mm),以确定垫片的厚度及位置(每垫 1 mm 约引起吊柱下端水平方向偏移 9 mm)。

④如图 4-0-3 所示,地面人员根据上部作业人员测量的数据在吊柱法兰盘上的螺栓孔穿入 T 型螺栓,并在法兰盘上部套入所需厚度的垫片。

图 4-0-2 作业人员测量吊柱位置底座边缘高差

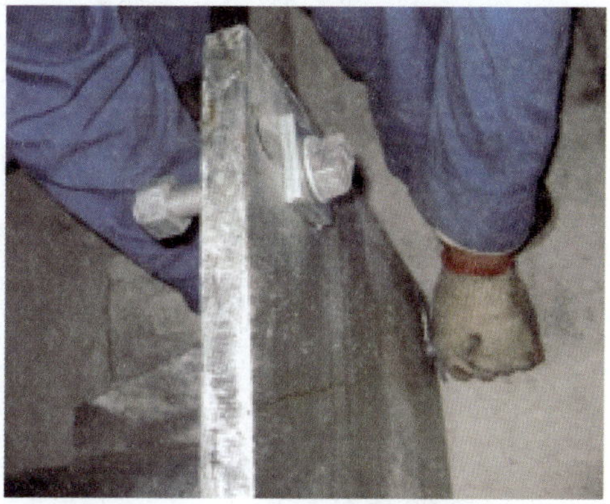

图 4-0-3 吊柱安装前将调节垫片穿入螺栓

⑤如图 4-0-4 所示,在距吊柱法兰边外 100 mm 处,对角位置各安装一套转向滑轮悬吊支点(吊柱支撑固定板),并拧紧 T 型螺栓,穿入钢丝套,并挂上 1.5 t 闭口大滑轮,放入棕绳,棕绳两端垂地。

图 4-0-4　隧道吊柱安装方法

⑥如图 4-0-5 所示，地面人员在距吊柱顶端 1 200 mm 处，将吊柱支撑 U 型螺栓临时固定，紧贴其下用两根钢丝套分别捆绑，将两根棕绳各一端系牢在钢丝套上，T 型螺栓临时松弛装在法兰盘上。吊柱地面摆放时要与吊柱的安装方向一致，避免在空中旋转吊柱。

图 4-0-5　隧道吊柱安装过程

⑦辅助人员分成两组，各牵引棕绳的另一端，同时牵接棕绳，缓缓将吊柱提起。

⑧吊柱升高到位后，作业台人员与地面人员相互配合，将吊柱对位到安装位置，作业台上人员将 T 型螺栓逐个插入槽道内，并旋转 90°，并预拧紧 T 型螺栓。

(2)吊柱整正

①用经纬仪测量吊柱的斜率及限界值，如不合格，还需卸下吊柱，重新更换调整垫片厚度或调整限界值，再安装吊柱，合格则记录斜率值，并继续拧紧螺母，紧固力矩值达到设计要求。

②安装吊柱支撑,并使支撑处于受拉状态,并将各螺栓拧至额定紧固力矩,取下棕绳、闭口滑轮、转向滑轮悬吊支点。

(3)填写记录

在安装完吊柱后,应进行吊柱的倾斜率和侧面限界测量。侧面限界的测量应当在吊柱的底端。填写安装记录表。

第五章　硬横梁及吊柱安装

第一节　硬横梁安装

1. 适用范围

适用于新建高速铁路圆管硬横梁安装。

2. 工序流程

硬横梁安装工序流程如图 5-1-1 所示。

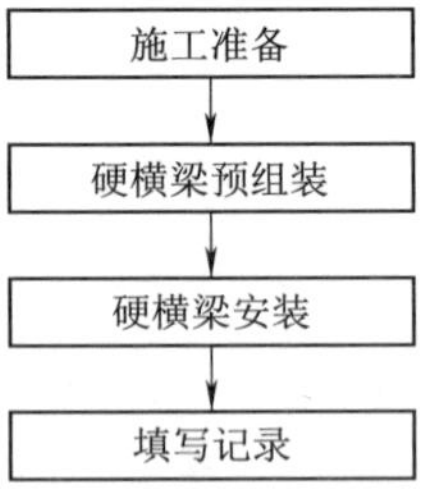

图 5-1-1　硬横梁安装工序流程图

3. 施工技术标准

(1)硬横梁型号、位置符合设计要求。

(2)硬横梁支柱顺、横线路方向均应直立，施工偏差为 0～0.5%。

(3)两支柱中心线应重合，并应垂直于车站正线，偏差不应大于 1°。

(4)同组硬横梁的两支柱中心距离应符合横梁跨长，施工偏差为±20 mm。

(5)横梁安装后，横梁下缘距最高轨面距离应符合设计要求，施工允许偏差为 $^{+100}_{\ 0}$ mm。

(6)连接螺栓应对角循环逐步紧固，其紧固力矩应符合设计要求。

(7)基础浇筑完成后，要使用钢卷尺实测同组硬横梁基础中心间距，根据测量结果定长生产硬横梁。

(8)硬横梁运抵工地后，应按照生产厂家提供的《技术条件》进行外观检查，其主要检查项目应符合下列要求：

①全梁跨度的允许偏差：30 m＜L＜40 m，为±20 mm；L＜30 m，为±10 mm。L 为两柱的理论中心距。

②全梁挠曲：立位检查其挠曲矢高（＋）≤L/1 000（L 为梁长）。

③梁身扭曲：目测不明显，最大扭曲≤L/125（L 为梁高）。

④抱箍应基本圆整，局部变形（焊接变形）不宜过大；孔群中心线应与抱箍中心线重合，允许偏差为±3 mm。

⑤各连接孔距允许偏差为±1 mm；孔径的椭圆度允许偏差为±1.5 mm；错孔（指零件的不同心度）偏差在 0.5～1.0 mm 之间的，每组孔中心允许数量为 50%；偏差在 1.0～1.5 mm 之间的，每组孔中心允许数量为 10%。

(9)吊装硬横梁应用尼龙套，防止破坏镀锌层。

(10)吊柱受力后横、顺线路方向应垂直，倾斜度不得大于 1°。

(11)硬横梁的安装质量应符合下列要求：

①硬横梁的安装高度应符合设计要求，施工允许偏差为$^{+100}_{0}$ mm。

②硬横梁与支柱、硬横梁各梁段间应结合密贴，连接牢固可靠，螺栓紧固力矩应符合设计要求。

③横梁承载前的预拱度应符合设计要求，硬横梁承受全部荷载后，横梁不得有正拱度。

4. 操作要点

(1)硬横梁预组装

①硬横梁检查全部合格后，方可进行预组装。

②按设计图纸，组装同一组硬横梁，各段先用方木垫起，如图 5-1-2 所示。

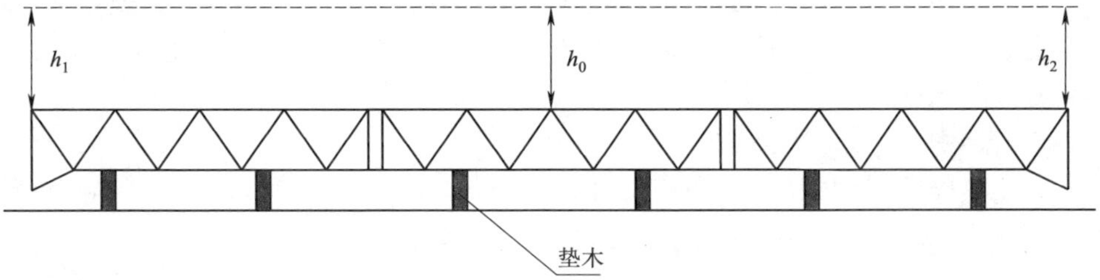

图 5-1-2　硬横梁组装图

③将横梁对接上，用木棍调整，并使其中心轴线在一条直线上。

④连接一半连接螺栓预组装，用水准仪测横梁拱度 f 值，$f=(h_1+h_2)/2-h_0$。

⑤f 值达标后，可安装另一半并连接螺栓，f 值达到设计要求值时，方可组装。

⑥组装时，连接螺栓穿向应符合设计要求，即横梁边段与支柱连接时，螺栓从支柱外向内方向穿，当横梁边段与横梁中段连接时，螺栓穿向由线路向田野侧。

⑦连接螺栓为 M20，紧固力矩 280 N·m，须采用交叉、循环方式进行紧固。

⑧将预配组装好的硬横梁吊放在安列平板车上，或运至对应的硬横梁支柱侧，并加固牢靠。

(2)硬横梁安装

①先测量横梁总长度和两支柱间距值，应基本吻合。

②封闭点给后开始吊装前，两支柱分别各上两人，系好安全带，用小绳吊上紧固扳手及连接螺栓和定位销钉，定位销如图 5-1-3 所示。

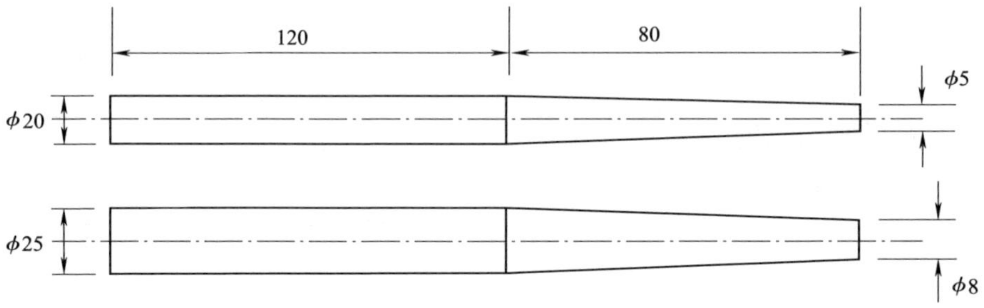

图 5-1-3　定位销示意图(单位:mm)

③安列停在距安装硬横梁位置 6～7 m 处，吊车伸出吊臂落吊钩，配合人员找出横梁重心，系好尼龙套，并把尼龙套套在吊钩上，在横梁两头各系好两条晃绳，吊车司机起动吊车，升臂起钩，将横梁缓缓吊起。

④负责人指挥拉晃绳人员将横梁转向 90°，杆上人员配合使横梁两端分别对准支柱。

⑤吊车司机缓缓落吊钩，杆上人员扶梁对位，并利用定位销钉对好横梁与支柱连接孔位，另一人配合将连接螺栓穿入连接孔，并用梅花扳手逐个循环拧紧，用力矩扳手检测达标。

⑥另一支柱重复⑤程序。

⑦如果横梁与实际跨度有微小差距时，可松开支柱地脚螺栓，用撬杠撬支柱底板，使横梁与支柱连接处密贴，杆上人员按⑤程序连接螺栓并达标。

⑧用经纬仪或支柱斜率测量仪调整支柱，地脚螺栓紧固牢靠，紧固力矩应符合设计要求。

⑨重复上述①、②、③程序，进行下组安装(最好分两组作业，一组预组装，一组安装)。硬横梁吊装如图 5-1-4 所示。

（a）轨道吊车硬横梁吊装　（b）汽车吊硬横梁吊装

图 5-1-4　硬横梁吊装图

(3)填写记录

完成当天任务，收回工具、余料，安列在封闭点内返回停放地点，负责人填写安装记录表。

第二节　硬横梁吊柱安装

1. 适用范围

适用于新建高速铁路圆管硬横梁吊柱安装。

2. 工序流程

硬横梁吊柱安装工序流程如图 5-2-1 所示。

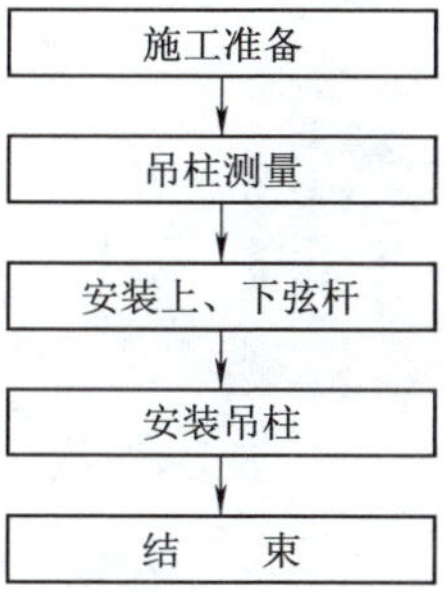

图 5-2-1　硬横梁吊柱安装工序流程图

3. 施工技术标准

(1)吊柱在站线与正线间，线间距为 5 m 时，吊柱对正线限界不小于 2.5 m，对站线限界大于 2.15 m。

(2)吊柱应垂直,施工允许偏差不应超过 1°。

(3)吊柱整正时不得 4 个角都加装垫片,每个角垫片数量应不大于 3 片,宜采用闭口垫片。

4. 操作要点

(1)测量

①先与车站联系,确定封闭股道和封闭点。司机听从值班员指挥,起动作业车进入安装地点。

②施工负责人指挥作业车对位,升作业台,测量人员系安全带,扶起作业凳上到横梁上,系好安全带,作业车移出。

③测量人员用经纬仪测出线路中心线,横梁测量人员在横梁下缘做上标记 A,测量人员使用激光测量仪测出横梁下缘至轨面距离(H),负责人做好记录。

④作业车返回,旋转作业平台(向安装侧),作业平台测量人员将钢卷尺给横梁测量人员,根据负责人计算出的数据从线路中心(A)向安装侧测出吊柱安装中心(B),并在横梁上做好标记。测量人员用钢卷尺再从中心线放出横梁上、下弦杆连接螺栓安装位置 C、D,并做出标记,负责人做好吊柱中心距股道中心距离记录,如图 5-2-2 所示。

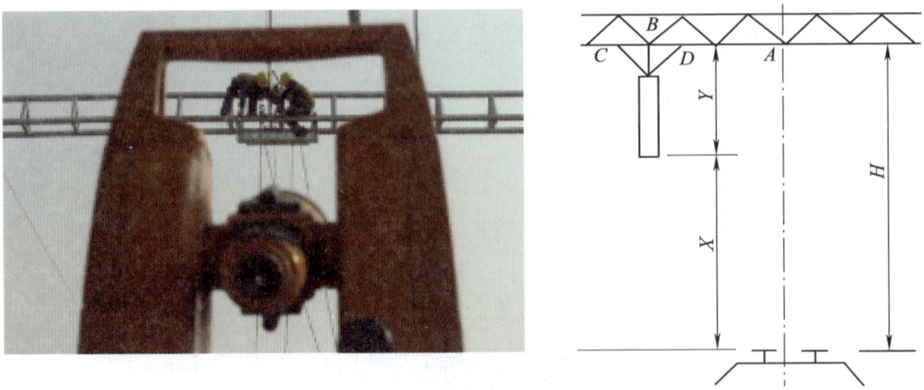

图 5-2-2 吊柱安装位置的横向测量

⑤重复上述程序,测量另一吊柱安装位置。

(2)腕臂底座高度计算

①根据平面图及现场测量数据计算确定吊柱长度及上、下底座安装位置。

②重复测量过程中②、③程序,并编制吊柱长度及腕臂预配表。

(3)预配

①根据平面图和安装图将安装的吊柱及连接件配套,并编号标识。

②提前将施工机具及预配成套的吊柱全部装在作业车上。

(4)安装上、下弦杆

①封闭线路后,作业车司机听从值班员指挥起动作业车,到达安装地点,施工负责人指挥作业车对位,升作业台,作业人员上作业平台,扶起作业凳,两安装人员系安全带,爬上横梁,上到安装位置,系好安全带。

②在合适位置挂好尼龙套和滑轮,穿大绳,将上、下弦杆及连接螺栓吊上,安装人员按测量好的安装位置连接螺栓,作业车上作业人员上作业凳配合安装上、下弦杆。用梅花扳手逐个拧紧并达标。

(5)安装吊柱

①横梁上作业人员将小滑轮组挂在尼龙套上,作业车上人员配合将吊柱吊起。

②横梁上作业人员按测量标记对孔位,并安装连接螺栓,用梅花扳手预拧紧。

③作业人员用支柱斜率测量经纬仪检测吊柱垂直度,采用在吊柱底部与下部固定弦杆之间加镀锌薄垫片的方法调整。

④吊柱垂直度达标后,将吊柱与下部固定弦杆连接螺栓拧紧,并用力矩扳手检测达标。

⑤按上述②、③、④程序进行下一处吊柱安装作业。

(6)结束

①完成当天任务,放倒作业凳,降下作业平台,收回工具、余料,作业车在封闭点内返回车站。

②施工负责人填写安装记录表。

第六章　下锚装置安装

第一节　拉 线 安 装

1. 适用范围

适用于新建高速铁路接触网下锚拉线安装。

2. 工序流程

下锚拉线安装工序流程如图 6-1-1 所示。

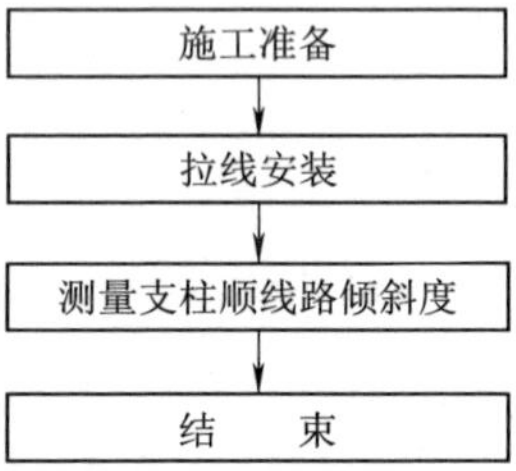

图 6-1-1　下锚拉线安装工序流程图

3. 施工技术标准

(1)拉线使用的线材型号应符合设计要求,不得有断股、松股和接头。

(2)拉线安装应符合设计要求,在任何情况下严禁侵入基本建筑限界。

(3)拉线与地面角度应小于 60°。

(4)连接螺栓均由田野侧穿向线路侧。

(5)连接螺栓装好后,应穿开口销,并用钳子扳开口销使其两支夹角大于 120°。

(6)调整螺丝应预留调节余量。

(7)NX 线夹平面(受力面)在上,回头面在下。

(8)NUT 线夹平面(受力面)在下,回头面在上。

(9)NUT 线夹受力后,螺扣应外露,其长度不应小于 20 mm,且最大不得大于螺纹全长的 1/2。

(10)拉线应绷紧,一侧或对向两条拉线应松紧一致。

(11)拉线在楔形线夹内回头长度为 500 mm,允许偏差为±50 mm;端部用 1.6 mm 不锈钢线绑扎三圈。

(12)拉线回头与本线用 1.6 mm 不锈钢线绑扎 100 mm,施工偏差为±10 mm,绑扎密实整齐。

(13)拉线绑扎示意如图 6-1-2 所示。

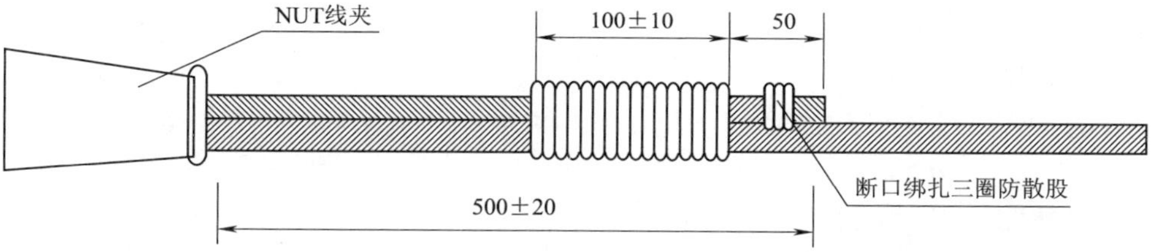

图 6-1-2　拉线绑扎示意图(单位:mm)

4. 操作要点

(1)校核支柱顺、横线路倾斜度

用支柱斜率测量仪检测支柱顺、横线路方向的倾斜度,若不符合要求时松开地脚螺栓螺母重新调整。

(2)安装

①作业人员先将拉线基础底板、支柱上的拉线上部底座安装上,用梅花扳手将螺母拧紧,再用力矩扳手检测达标。

②开始测量拉线安装高度和总长度,依据测量安装总长度计算出拉线绞线长度。

③使用钢绞线回头煨弯器煨好拉线一端回头。因高铁接触网使用的拉线截面比较大,钢绞线弹性很大,用以往手工煨弯做回头的方式,容易导致线头反弹伤人;而且线头技术尺寸不好掌握,煨弯很费力,用力过大还容易煨成死弯,与楔子不密贴,线材受力后容易造成抽头事故。

用机械方法代替手工煨弯,可以确保线材煨弯后圆滑无死弯,与楔子密贴夹紧不抽头;能够有效防止线材煨弯时线头反弹伤人,确保操作安全,提高工作效率,降低劳动强度,保证工程质量。

④安装上部双耳楔形线夹。

⑤楔子到位后开始回头绑扎,建议使用下面介绍的方法进行回头绑扎:取一木块,锯成长 280 mm、宽 50 mm、厚 15 mm 的长方形木条,在其中一端中部用钢锯锯一个(也可锯多个重复使用)长 80 mm、宽 1.7 mm(绑线粗:ϕ1.8 mm)的深缝。开口处可宽些,便于绑线进入。将绑线卡入木制钳的深缝内,钳头靠近回头,钳头围着回头旋转,靠钳缝小于绑线直径的夹力来带动绑线紧靠回头绑扎牢固。

⑥连接调整螺丝和连接板,作业人员上杆并系好安全带,用小绳把安装好的双耳楔形线夹拉起与支柱上的拉线底座或拉线预留孔连接。

⑦地面人员配合连接好下端连接板。

⑧螺栓地面人员配合连接好下端连接板。

⑨地面人员将紧线器、手扳葫芦连接后，摇动手扳葫芦开始紧线，按照锚柱顺线路倾斜标准。

⑩扶住下端连接板，测出下端双耳楔形线夹回头位置，使用拉线煨弯器做好回头。

⑪将安装好的下端双耳楔形线夹与下端连接板连接上，调整调整螺丝，拆除紧线器。调整螺栓预留 1/3 调整余量。

⑫绑扎下部回头，并将多余的拉线回头剪掉。

⑬两根拉线操作方法相同。

⑭完成后，按上述程序②、③进行下一支柱拉线安装。

(3)结束

①完成当天作业任务后，收回工具及剩余材料，乘送工车返回。

②施工负责人填写安装记录表。

第二节　隧道外棘轮补偿下锚安装

1. 适用范围

适用于新建高速铁路隧道外补偿下锚棘轮装置安装。

2. 工序流程

隧道外补偿下锚棘轮装置安装工序流程如图 6-2-1 所示。

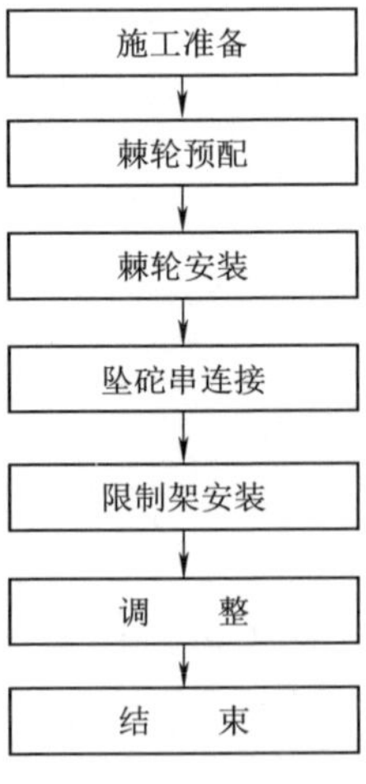

图 6-2-1　隧道外补偿下锚棘轮装置安装工序流程图

3. 施工技术标准

(1)承力索、接触线补偿绳 A、B 值符合设计安装曲线。B 值允许偏差为 100 mm，最高温度时距基础顶面不得小于 300 mm，承力索与接触线补偿坠砣底部高度应水平一致。坠砣距地面高度(B 值)允许偏差为 100 mm，在任何情况下距地面不得小于 300 mm；棘轮小轮中心至平衡轮中心距离(A 值)应在 2 m 左右。

(2)发现坠砣产品标重与实际不符时，要加强到货验收。坠砣安装前要进行配重，单块质量允许偏差为±3%，整串质量允许总重量在设计标准误差±1%范围内，同一锚段两坠砣串质量的相对偏差不大于1%(坠砣串重量包括坠砣、坠砣杆、底板坠砣抱箍及连接补偿绳的楔形线夹等重量)。

(3)棘轮大、小轮上补偿绳排列整齐、顺直，无交合、交叉、错槽现象，且负偏差坠砣数量不足引起注意。

(4)坠砣完整，表面平整，镀锌及涂漆完好，坠砣串排列整齐，其缺口相互错开180°，坠砣杆无明显弯曲现象。

(5)平衡轮检查：观察平衡轮的倾斜角度，安装偏角(图 6-2-2)超过 15°即为不合格。检查平衡轮内部螺栓螺帽，观察螺帽的受力状态是否有松动的现象。

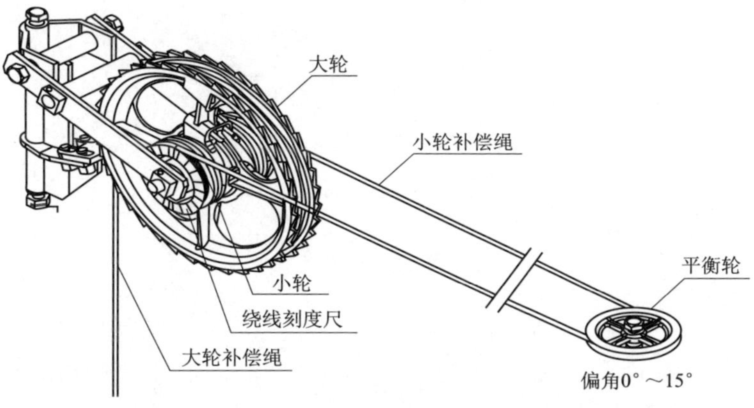

图 6-2-2　大、小轮补偿绳缠圈及平衡轮偏角示意图

(6)补偿坠砣上下移动的检查：上下推动坠砣，观察棘轮及坠砣移动的灵活性，隧内坠砣与框架角钢是否存在不正常偏磨。如果存在偏磨，调整坠砣杆垂度、限制框架垂度或坠砣块整齐度。

(7)补偿绳缠绕情况检查：水平补偿绳平顺，无交叉情况。

(8)补偿绳不应有松股、断股、扭绞等缺陷。

(9)棘轮补偿装置安装形式如图 6-2-3 所示。

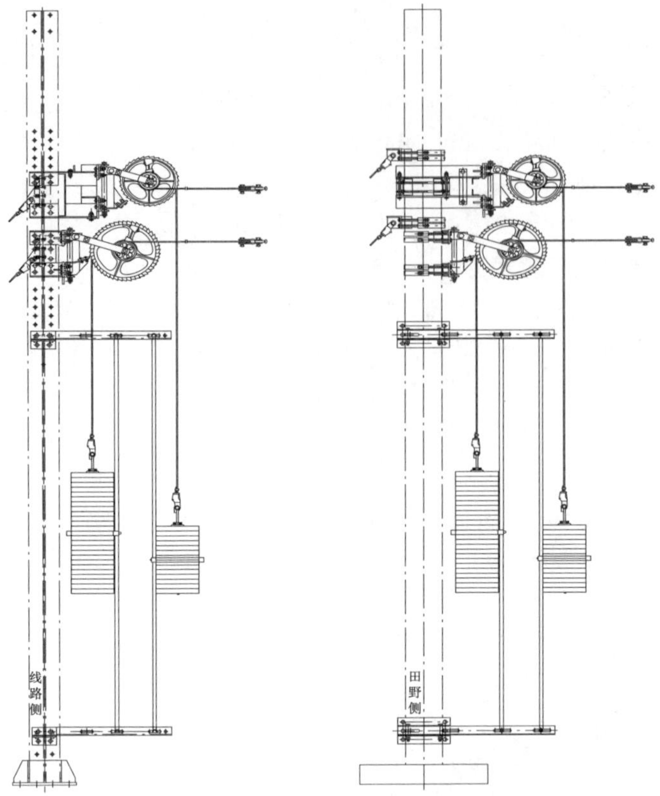

图 6-2-3　补偿棘轮在 H 型钢柱、圆管柱安装形式图

4. 操作要点

(1)安装底座

①两人上杆,系好安全带,配合作业平台人员进行棘轮底座安装。人工安装可先安装接触线棘轮底座,再安装承力索棘轮底座。棘轮底座角钢相对支柱中性面左右对称,上下底座角钢安装前须检查支柱两侧四块连接底板(安装上下底座的底板)端面在同一水平面,安装上下底座角钢,并检查上下底座连接角钢内侧间距保证 502 mm 后,所有螺栓预紧固。

②底座连接后用水平尺检查上下底座是否水平,同时用线坠对上下底座角钢上的棘轮旋转轴孔(中心孔)进行铅垂检查,经检查调整到位后用力矩扳手紧固所有连接螺栓至规定力矩值。底座水平、中心孔铅垂至关重要,是确保棘轮受力后不偏斜的前提。

③承力索棘轮底座与接触线棘轮底座安装方式相同。

(2)棘轮安装调整

①拧开棘轮竖轴管中的螺栓销 M24×600 螺母，从竖轴管中抽出螺栓销连同螺母、调节板、螺母等传递给上部作业人员。

②用滑轮、大绳将棘轮本体吊装到棘轮上下底座间，一人用肩向上将棘轮顶成水平状态，在棘轮上下底座之间推动棘轮，使棘轮竖轴管与上下底座的中心孔对齐，另一人将 M24×600 螺栓销由上至下从对齐的上底座与竖轴管中穿至下底座。

③棘轮穿入螺栓销固定后，将棘轮本体落到指定卡板上，加装垫片，垫片安装在下底座角钢和棘轮竖轴管之间。加装调节板，旋入螺母紧固(注意不得过紧，以棘轮竖轴能够左右旋转为准)，加装开口销，并掰至 120°。

④用水平尺检查棘轮本体是否垂直，如不垂直，调整下底座上的调节板长孔螺栓，检查调整合格后紧固调节板螺母。

⑤接触线棘轮安装与承力索棘轮安装方式相同。

(3)与坠砣串连接

①安装条件

a. 棘轮已安装调整正确，坠砣已按规定块数(重量)码放成串，并运至或放置在支柱底部。

b. 棘轮大轮中心到楔形线夹终端线夹连接点的补偿绳长度已确定，同时棘轮小轮中心到平衡轮中心的补偿绳长度也已确定，且符合设计要求。

c. 制动卡块和轮体中心已调整垂直。

d. 棘轮大轮、小轮上的补偿绳排列整齐，发现有排列不规整、错槽等现象要重新缠绕合格后才能与坠砣连接。

②安装连接

a. 按架线施工季节的大致温度确定补偿绳牵出长度，将补偿绳牵出，量出大轮中心到楔形终端线夹连接点补偿绳的长度(牵出长度宜小于规定长度 300 mm)，以及小轮中心到平衡轮中心的补偿绳长度(牵出长度宜小于规定长度 200 mm)。同时检查棘轮大、小轮上补偿绳剩余的缠绕圈数是否与设计温度曲线相符。

b. 如需调整大轮补偿绳长度，拆除楔形终端线夹，按标准调整后安装好楔形终端线夹。

c. 补偿绳牵出长度合适后，将轮体卡在制动卡块上。

d. 用 3 t 链条葫芦或吊车将坠砣串提升到楔形终端线夹位置，穿上开口销与坠砣杆连接。

e. 检查各连接无问题后，方可松卸并摘除手扳葫芦。

(4)限制架安装

①安装限制架上下固定角钢，并调整水平。

②安装坠砣限制导管，并调整垂直。

③将坠砣抱箍与坠砣固定。

④调整坠砣限制导管与抱箍位置和间隙，使坠砣抱箍在限制导管上能够无阻滞上下滑动。

(5)与承、导线连接(即棘轮补偿与架设的承力索、接触线连接)

本工序属于承力索、接触线架设过程中的起锚和落锚工序。

①起锚侧连接：将小轮补偿绳牵出，将承力索或接触线终端线夹(或复合绝缘子)与平衡轮双耳旋转接头线夹连接(起锚侧棘轮本体须与制动卡块用双股 4.0 铁线绑死)。

②落锚侧连接：在平衡轮双耳旋转接头线夹上安装连接钢丝套的专用连接件，并与手扳葫芦本体上的吊钩连接，线索上安装紧线器并与手扳葫芦链条端吊钩相连。

③摇动手扳葫芦，直到棘轮本体脱离制动卡块并升起，可以自由运动。继续紧手扳葫芦，使落锚侧坠砣高度与起锚侧坠砣高度一致，达到额定张力后，在线索上安装终端线夹并与复合绝缘子连接，再与平衡轮双耳旋转接头线夹连接。

④连接完成后，松卸并摘除手扳葫芦。

⑤落锚完成后，在中锚安装后，拆除起锚侧棘轮本体与制动卡块绑扎的 4.0 铁线，起锚侧棘轮脱离制动卡块，达到正常受力状态。

(6)棘轮调整(架线完成后、悬挂调整前)

①制动间隙调整

a. 测量棘轮轮齿与制动卡块端部距离是否在 15～20 mm 之间。

b. 如超标，放松棘轮制动卡块的 4 个螺栓直至制动块可以前后移动。

c. 调整制动卡块端部与棘轮齿距离至 15～20 mm 之间。

d. 间隙调整好后，采用交叉循环方式紧固制动卡块的 4 个螺栓至 90 N · m 力矩值。

②棘轮轮体垂直调整

a. 用水平尺检查棘轮本体是否垂直，观察大轮是否在小轮引出的两条补偿绳中心位置，有无偏斜现象。

b. 如不垂直，松开下底座上的调节板长孔螺栓，用锤击垫木调整调节板，调整合格后紧固调节板螺母。

③B 值调整

a. 按设计要求检查补偿 B 值(坠砣底至地面的距离、大轮补偿绳的缠绕圈数)是否与当时环境温度安装曲线相符。

b. 如不符，应注意先调整接触线坠砣高度，再调整承力索坠砣到同一高度。

c. B 值调整须使用 2 个手扳葫芦，1 个将棘轮与线索卸载，1 个将棘轮与坠砣杆卸载。偏差在 300 mm 以上将大轮补偿绳缠绕圈数和牵出长度重新测量缠绕正确。偏差在 300 mm 以下将连接坠砣补偿绳从楔形线夹内退出，量出需要收回或放出的补偿绳长度，重新做回头，安装楔形线夹。

d. 恢复正常连接，松卸和拆除手扳葫芦。

e. B 值补偿绳调整不得用裁剪补偿绳的方式，始终保持补偿绳的总长度符合规定。

④A 值调整

a. 按设计要求检查补偿 A 值(小轮补偿绳从小轮中心至平衡轮中心距离、小轮补偿绳的缠绕圈数)是否与当时环境温度安装曲线相符。

b. 如不符，应结合承力索、接触线绝缘子对齐调整作业时一并进行。

⑤平衡轮水平调整

a. 在悬挂调整完成后检查平衡轮是否呈水平状态，偏差不得大于 10°。

b. 如偏斜超标主要针对接触线补偿装置中的平衡轮，应结合接触线安装绝缘子或绝缘子对齐调整作业时一并进行。

c. 倾斜角度不大的，在安装绝缘子时可利用平衡轮双耳连接线夹的可旋转性达到水平，也可通过在拆卸终端线夹后将接触线面调整使平衡轮达到水平。

(7)结束

安装调整结束，负责人填写安装记录表。

第三节　隧道内棘轮补偿下锚安装

1. 适用范围

适用于新建高速铁路隧道内补偿下锚装置安装。

2. 工序流程

隧道内棘轮补偿下锚装置安装工序流程如图 6-3-1 所示。

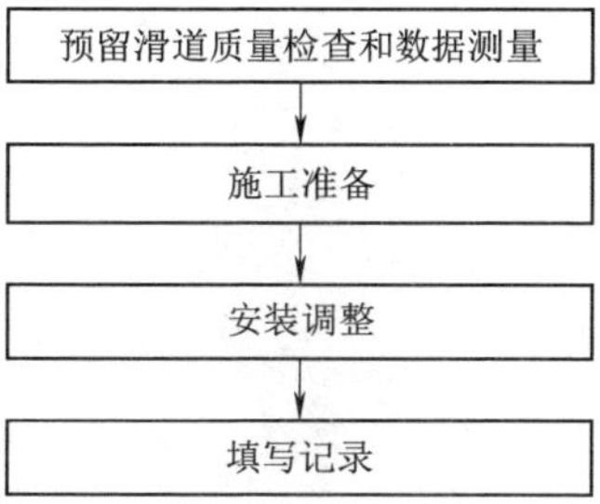

图 6-3-1　隧道内棘轮补偿下锚装置安装工序流程图

3. 施工技术标准

(1)承力索、接触线在补偿器处的张力应符合设计安装曲线，坠砣距地面高度允许偏差为 100 mm，在任何情况下距地面大于 200 mm。

(2)补偿装置状态符合设计文件和产品要求，并完整无损，补偿绳应不磨制动块及导向轮边缘，补偿转动灵活。

(3)坠砣完整，表面光洁平整，坠砣串排列整齐，其缺口相互错开 180°，并保证坠砣不被支柱或其他物件卡滞。

(4)坠砣单块重量偏差为±3%，整串重量偏差为±1%，同一锚段两坠砣串质量的相对偏差不大于 1%。

(5)补偿绳不应有松股、断股等缺陷，不得有接头。

(6)平衡轮安装偏角 0°～15°。

(7)棘轮安装应垂直，无偏斜扭曲现象，补偿绳排布整齐、正确，补偿绳与棘轮边缘导槽不得相磨。

(8)制动块与棘齿间隙正常状态下为 20 mm，且间隙均匀。

(9)坠砣限制架安装应符合设计要求，限制架导管应直立，补偿转动灵活，坠砣串无卡滞现象。

(10)补偿绳余量做 200 mm 直径盘圈绑扎固定于主绳上，且与线路平行，参考图 6-3-2。

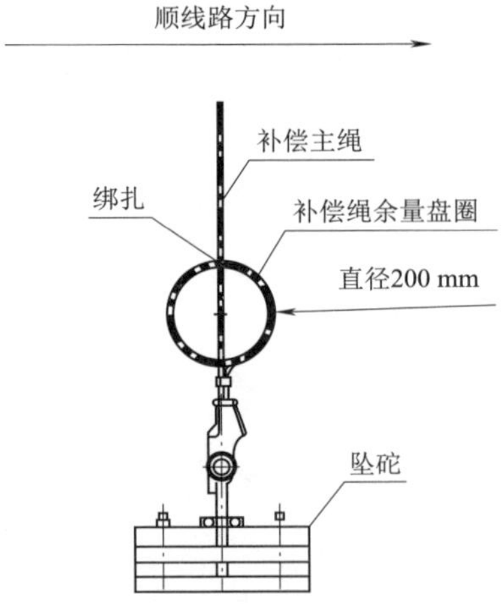

图 6-3-2　补偿绳余量盘圈示意图

4. 操作要点

(1)安装调整

隧道内下锚安装示意图如图 6-3-3 所示。

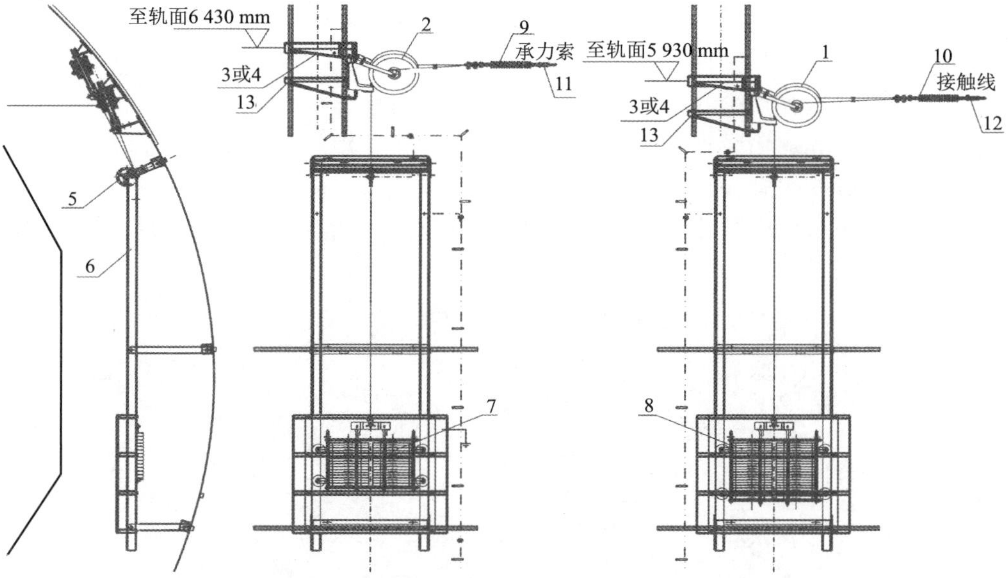

图 6-3-3　隧道内下锚安装示意图

1—接触线棘轮；2—承力索棘轮；3，4—棘轮底座；5—导向滑轮；6—限制架；7—承力索补偿坠砣；8—接触线补偿坠砣；9，10—补偿绳平衡轮；11—承力索终端线夹；12—接触线终端线夹；13—T 型螺栓

①先用水准仪测量棘轮安装位置正下方地面与相邻轨道的低轨高差，并在隧道壁做出标高数据标记。

②施工负责人指挥作业车运行至安装棘轮位置，作业台上 2 人，地面作业 2 人（人工安装时在棘轮安装位置搭可拆卸组合作业架）。

③作业台上人员转动并升作业台至合适位置，放下钢卷尺，地面人员与之配合，从标记处分别测量出隧内棘轮固定上框架和下框架底座的位置，并用记号笔做标记。

④由棘轮侧（线索方向）竖槽道中心，吊线坠往下，在最上面的水平槽道上对齐线坠线做记号，在记号往转换吊柱方向 300 mm 划竖线，即为补偿绳导向轮固定角钢中心位置，再用线坠往下引，分别做出在下面两根水平槽道的记号，划出坠砣导杆固定角钢安装中心位置。

⑤作业台上两人，根据测量位置，安装隧内棘轮固定上、下框架底座，并用水平尺检查底座是否水平，同时测量上、下框架底座间距，用线坠检查上、下底座中心轴孔的垂直度是否满足安装棘轮装置要求，调整正确后才可安装棘轮本体。

⑥安装棘轮装置本体前，应检查大轮、小轮上的补偿绳缠绕情况，发现有排列不规整、错槽等现象要重新缠绕。检查后首先将棘轮竖轴管上用于旋转的 M24×600 螺栓销拆下，将棘轮本体吊装到安装位置，抬起棘轮本体并将棘轮竖轴管推入

到上下底座之间，将竖轴管与上下底座上的中心轴孔对准，将 M24×600 螺栓销由上向下穿入。

⑦棘轮穿入螺栓销固定后，将棘轮本体落到指定卡板上，加装垫片，垫片安装在下底座角钢和棘轮竖轴管之间。加装调节板，旋入螺母紧固(注意不得过紧，以棘轮竖轴能够左右旋转为准)，加装开口销，并掰至 120°。

⑧用水平尺检查棘轮本体是否垂直，如不垂直，调整下底座上的调节板长孔螺栓，检查调整合格后紧固调节板螺母，如图 6-3-4 所示。

(a) 检查棘轮垂直　　(b) 用调节板调整棘轮垂直

图 6-3-4　棘轮垂直检查及调整

⑨按隧道内平均温度确定补偿绳牵出长度，将补偿绳牵出，量出大轮中心到楔形终端线夹连接点补偿绳的长度(牵出长度宜小于规定长度 300 mm)，以及小轮中心到平衡轮中心的补偿绳长度(牵出长度宜小于规定长度 200 mm)。同时检查棘轮大、小轮上补偿绳剩余的缠绕圈数是否与设计温度曲线相符。

⑩将大轮补偿绳按确定量好的长度牵出穿过导向槽，悬垂下来，如图 6-3-5 所示。

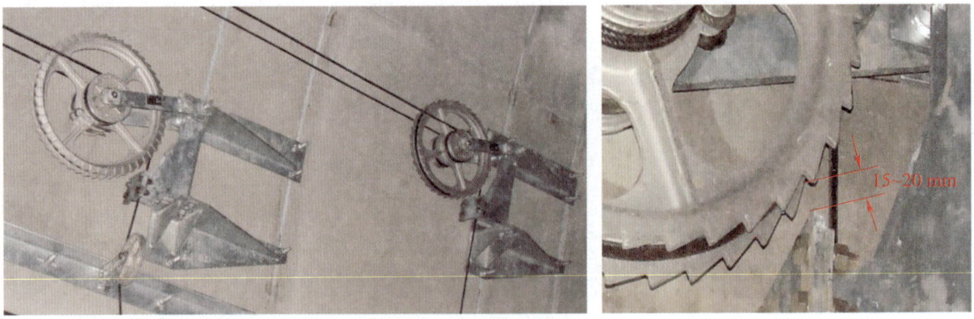

图 6-3-5　安装后的隧道棘轮受力后需调整制动板与棘轮齿间隙

⑪安装补偿绳导向轮固定角钢和导向轮，固定角钢导向轮中心位置与提前测量的标记对齐，将棘轮坠砣补偿绳穿入导向轮中，紧固固定角钢T型螺栓螺母，导向轮销钉应由上向下穿。同时绷紧补偿绳，检查补偿绳与棘轮制动卡板是否存在偏磨现象，如存在可左右移动固定角钢，使补偿绳达到自然垂下，避免与制动卡板、导向轮出现偏磨现象，再将螺母紧固到位，然后再安装坠砣导杆固定角钢。

⑫地面作业人员将双坠砣串连接板、坠砣杆、坠砣串底板、坠砣块、坠砣串板组合成坠砣串，利用作业车小吊机吊起坠砣串，与作业台上人员配合（人工安装时在棘轮装置下方组装坠砣串，用手扳葫芦，一头通过钢丝套挂在隧内棘轮固定下框架上，另一头通过钢丝套挂在双坠砣串连接板上，将坠砣串提起），将双坠砣串连接板与补偿绳楔形线夹连接，缓缓下放坠砣串，直至受力，同时检查导向轮位置是否合适，补偿绳是否入槽。

⑬地面作业人员与作业台上人员配合，安装坠砣杆侧框、坠砣杆侧面限制架，在安装过程中随时调整限制架与坠砣串两侧板滑轮的间距，安装完毕后坠砣杆联板，观察坠砣串能否在坠砣杆侧框限制架间上下自由串动，有无偏磨、卡滞现象，如图6-3-6所示。

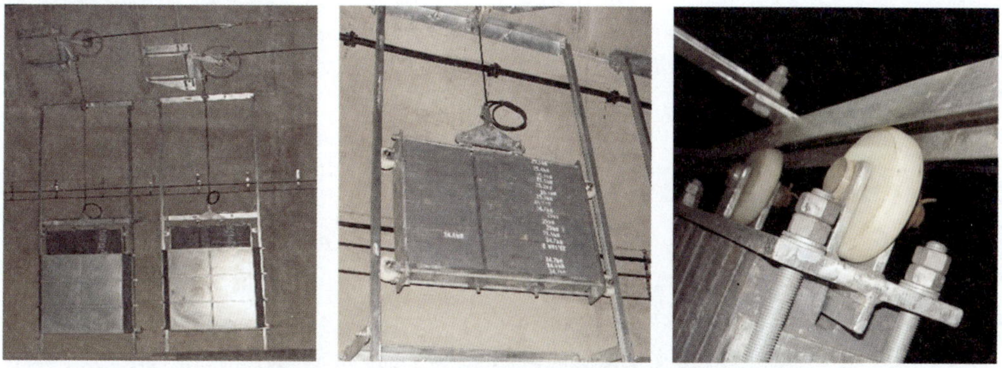

图6-3-6　安装后的隧道棘轮补偿坠砣

⑭在安装调整正确后，安装坠砣杆保护盖板，在安装过程中应检查安装后的保护盖板是否与坠砣串发生偏磨现象。

(2)结束

取下工具，按上面的步骤安装下一组隧内补偿装置，负责人填写安装记录表。

第七章　附加线架设

第一节　附加线肩架安装

1. 适用范围

适用于新建高速铁路附加线肩架底座预配及安装。

2. 工序流程

附加线肩架安装工序流程如图 7-1-1 所示。

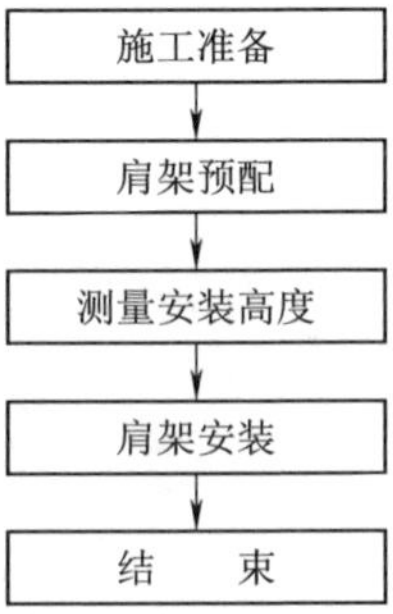

图 7-1-1　附加线肩架安装工序流程图

3. 施工技术标准

(1)绝缘子应经电气试验合格,零配件应齐全,规格型号应符合设计要求。

(2)肩架应满足铁路总公司、技术规格书的相关检测标准并通过第三方检测;预配应在料库进行。

(3)区间 AF、PW 线一般设于田野侧,在车站多股道的地方通过硬横梁转换至正线股道,安在正线支柱上正线侧。

(4)安装高度:区间,正馈线肩架安装在柱顶,保护线安装在上下腕臂底座之间,在田野侧的孔内;隧道口、车站特殊安装时,按照安装图进行。如车站两线间股道需要安装 AF 线时,AF 线肩架安装在柱顶;PW 线肩架安装在站线侧上下腕臂底座之间,安装高度距轨面 6 300 mm。

(5)AF 线肩架与支柱连接的水平螺栓穿向支柱里侧，螺帽在支柱内。AF 线肩架顺线路的螺栓，穿向行车方向，即螺母在行车方向。

(6)PW 线支座(或 PW 线跳线肩架)与支柱连接螺栓处不应有油漆，安装前应先涂一层电力复合脂。

(7)隧道口转换处宜采用"V"字形悬挂安装方式，如图 7-1-2 所示。隧道口门型架示意图如图 7-1-3 所示。

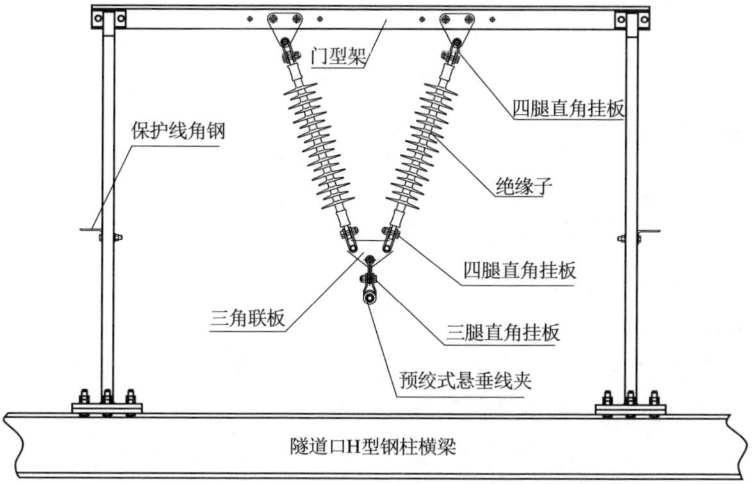

图 7-1-2　隧道口门型架"V"字形悬挂安装示意图

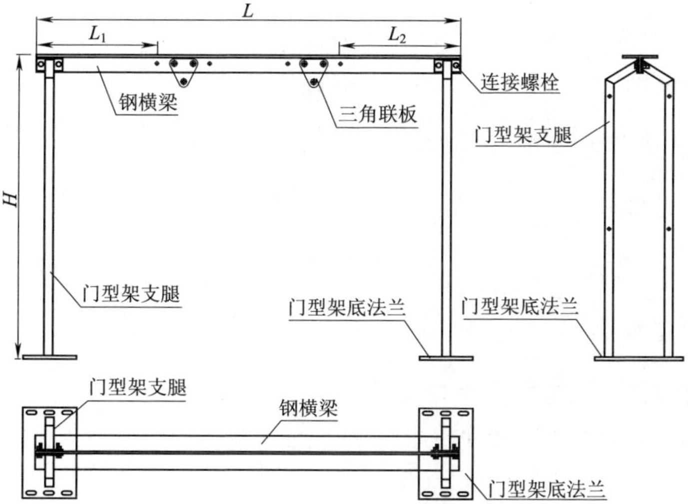

图 7-1-3　隧道口门型架示意图

(8)肩架安装应呈水平状态,施工允许偏差为 0～50 mm。

4. 操作要点

(1)肩架预配

①根据平面图和安装图,对每根支柱的肩架各部尺寸进行组配,不便组配的可用铁线捆绑在一起,将安装支柱号用记号笔标注在肩架上。

②对照平面图核对肩架及螺栓连接型号是否符合设计要求,螺母垫圈是否齐全。

(2)肩架安装

①根据安装图号及预制编号,安装人员将肩架运至所安装支柱下面,将 AF 柱顶平肩架固定角钢与 H 型钢柱连接。

②将事先组装好的柱顶平肩架与固定角钢连接。

③将球头挂环、棒形悬式绝缘子、悬垂线夹按施工图所示的安装方式与柱顶平肩架连接板连接。

④将 PW 线线夹安装到迎车方向的预留孔位内。

⑤安装完成后,安装人员专人负责用力矩扳手检测连接螺栓紧固力矩并达标,完成后进行下一处肩架安装。

⑥杆上人员扶起肩架,两人顺线路方向面对面配合,按测量高度共同安装好肩架,用力矩扳手检测连接螺栓紧固力矩并达标,完成后进行下一处肩架安装。

第二节 附加线人工架设

1. 适用范围

适用于新建高速铁路附加线人工架设。

2. 工序流程

附加线人工架设工序流程如图 7-2-1 所示。

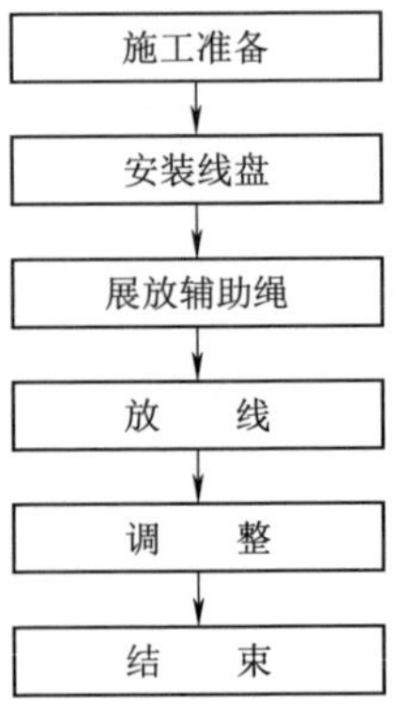

图 7-2-1 附加线人工架设工序流程图

3. 施工技术标准

(1)附加导线原则上配盘生产。

(2)跨越铁路,一、二级公路,重要的通航河流时,导线不得有接头;锚段长度不超过 150 m 时,严禁接头;一个锚段内接头数量不超过 1 个;接头位置距导线悬挂点应大于 0. 5 m。

(3)正馈线、保护线、架空线下锚时根据附加线安装数据，按照温度、附加线锚段的当量跨距，选出附加线的弛度或张力进行下锚，允许偏差为 2. 5%～5%。

(4)加强线、回流线及保护线悬挂点处均安装预绞式保护条，其缠绕方向如图 7-2-2 所示。加强线保护条长度为 1 000 mm，其余为 650 mm；双支正馈线间每隔 15～20 m 安装一处预绞式等距线夹。

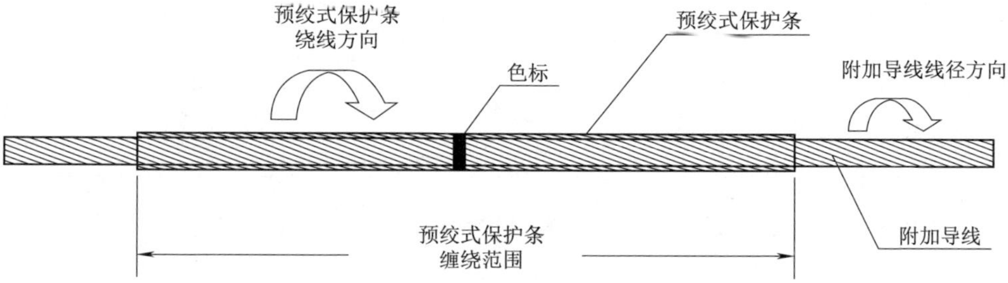

图 7-2-2　预绞式保护条缠绕方向示意图

(5)AF 线(正馈线)最大弛度时距地面安全距离：居民区及站台处不小于 7 m，非居民区不小于 6 m；PW 线(保护线)最大弛度时距地面安全距离：居民区及站台处不小于 6 m，非居民区不小于 5 m；不同分段的两正馈线水平排列时其悬挂点间距离不小于 2. 4 m；最大弛度时同回路的正馈线带电体距接触悬挂的带电体间的空气绝缘间隙不小于 0. 55 m。

(6)AF 线、PW 线跨越接触网最大弛度时，距承力索距离不小于 2 000 mm。

(7)附加导线对地面及相互间距离不应小于表 7-2-1 的规定。

表 7-2-1　附加导线对地面及相互距离(单位：mm)

序号	有关情况		供电线 正馈线 加强线	保护线 回流线 架空地线
1	导线在最大弛度时距地面高度	区间	5 000	4 000
2	导线距峭壁挡土墙和岩石	无风时	1 000	500
		计算最大风偏时	300	75
3	导线跨越铁路时	跨越非电化股道(对轨面)	7 500	7 500
		跨越不同回路电气化股道(对承力索或无承力索时对接触线)	3 000	2 000

续上表

<table>
<tr><th>序号</th><th colspan="2">有 关 情 况</th><th>供电线
正馈线
加强线</th><th>保护线
回流线
架空地线</th></tr>
<tr><td rowspan="2">4</td><td rowspan="2">不同相或不同分段两导线悬挂点间距</td><td>两线水平排列</td><td>2 400</td><td>—</td></tr>
<tr><td>导线垂直排列，上方为供电线，下方为供电线或回流线</td><td>2 000</td><td>—</td></tr>
<tr><td rowspan="2">5</td><td rowspan="2">附加导线与建筑物间的最小距离</td><td>最大弛度时最小垂直距离</td><td>4 000</td><td>2 500</td></tr>
<tr><td>边导线最大风时最小水平距离</td><td>3 000</td><td>1 000</td></tr>
</table>

(8)预绞式接续条的缠绕方向与被接续的导线外层绞向一致。

4. 操作要点

(1)安置线盘

①在下锚柱至另一锚段第一支柱跨中 $L/2$ 处平整线盘放置场地，支好放线支架。

②将线轴穿入线盘，吊放在线盘支架上，支起线盘。

③把 4 根钢钎打入地下，用铁线固定好放线支架。

④在起锚柱至另一锚段第一支柱跨中 $L/2$ 处平整导线展放机场地，放置导线展放机，并用 2 根钢钎将其固定牢靠。

(2)展放辅助绳

①两人从导线展放机处拉出辅助线头向线盘方向展放，起锚柱上一人挂 1.5 t 铝滑轮，将辅助绳拉过 $L/2$ 跨时，用棕绳提吊起辅助绳，将辅助绳放入铝滑轮内。

②一人上杆将铁线套在肩架上，挂上滑轮，当辅助绳拉过 $L/2$ 跨时，用带钩棕绳将辅助绳提起放入滑轮内。采用同样方法，把辅助绳拉至线盘(下锚柱与起锚柱相同)。

(3)辅助绳与附加导线连接

①从线盘中拉出附加导线头将其套入网套连接线内，网套口处用 $\phi1.6$ 铁线绑扎牢固。

②把网套连接线通过旋转连接器与辅助绳连接好，如图 7-2-3 所示。

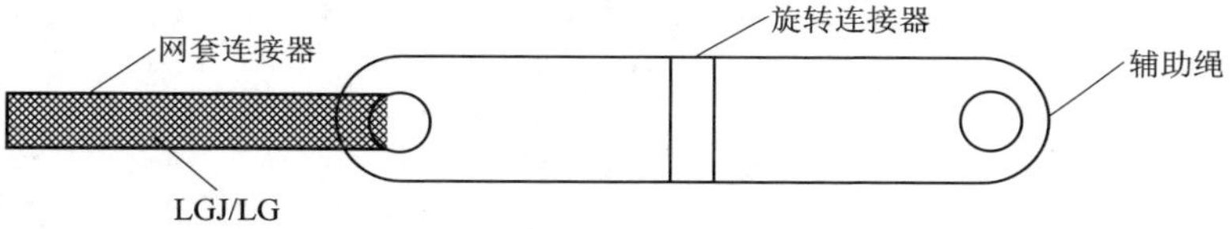

图 7-2-3　辅助绳与附加导线连接

(4)放线

①指挥人用对讲机通知负责人开始放线。

②指挥人随旋转连接器同行,观察通过滑轮时的运行情况。

③防护人员沿线分散观察防护。

④当接头收到起锚柱处附近适当位置停止放线。

(5)起锚

①1 人上杆,在接头附加导线适当处绕铝包带安装耐张线夹。

②慢慢收线,杆上人员将耐张线夹与下锚件连接件连接上。

③辅助绳无张力时打开网套连接线,收回辅助线,收回滑轮、钢丝套及棕绳。

(6)落锚

拆除辅助绳,将附加线与下锚钢柱耐张线夹相连。

(7)附加线归位

①在归位的时候我们可采用绳滑辅助进行归位。将导线从滑轮内提出安装在杵座鞍子内,收回铁线套子和放线滑轮。

②加强线、回流线及保护线悬挂点处均安装预绞式保护条,材质为镀锌钢丝,加强线保护条长度为 1 000 mm,回流线及保护线保护条长度为 650 mm。

③双支正馈线间每隔 15～20 m 处安装预绞式等距线夹。预绞式接续条要均匀地缠绕,不得漏股、散股。

(8)结束

回收线盘和展放机及全部工具,清理场地,填写施工记录表。

第八章　铝合金腕臂装配

第一节　测量计算

1. 适用范围

适用于新建高速电气化铁路接触网铝合金腕臂测量、计算。

2. 工序流程

腕臂测量工序流程如图 8-1-1 所示。

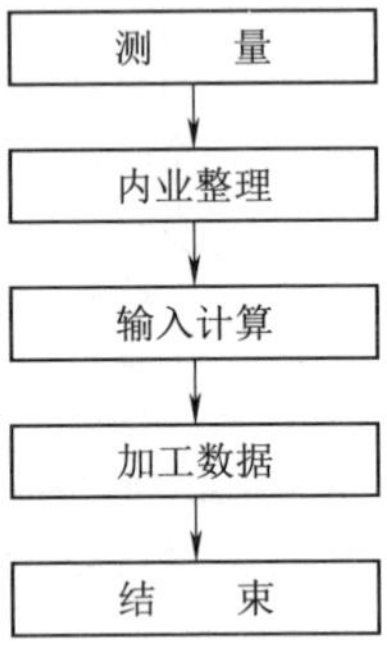

图 8-1-1　腕臂测量工序流程图

3. 施工技术标准

(1)支柱装配测量应按照支柱装配测量数据表所列项目逐一测量:①支柱倾斜度采用经纬仪测量;②现场实测线路曲线外轨超高应精确到毫米。

(2)腕臂底座安装高度应符合设计要求,根据基础标高偏差情况选择预留孔安装位置,允许偏差为±50 mm(由于站前预留问题,该误差已超过验标规定)。对于侧面限界超标严重的支柱,需通过软件验证调整底座安装位置(预留孔位已预先考虑),保证定位环安装位置。为保证定位器的安装和受力符合要求,套管座偏离承力索座的距离通常为 300 mm,转换柱非支最大可调整到 500 mm。

(3)支柱装配各部件尺寸应采用支柱装配软件计算,计算值精确到毫米。

(4)定位装置计算时,需注意侧面限界小于 3.0 m 时曲内正定位、锚段关节转换柱、倒立柱、道岔柱等支柱装配零件位置是否符合安装要求。若改变拉出值和定位器型号,应取得设计同意。

(5)所有装配在计算时应验证动态包络线的符合性。

4. 操作要点

(1)施工准备

组建专业测量计算组,对专业组成员进行测量方法及计算软件应用的培训。

(2)测量

①限界测量

限界值为近轨轨面处支柱前沿至轨道中心的距离。对于有防撞墙影响的高架桥采用丁字尺、水平尺及线坠配合测量支柱限界,如图 8-1-2 所示,限界值等于 $A+B+C$(防撞墙的厚度应实测)。

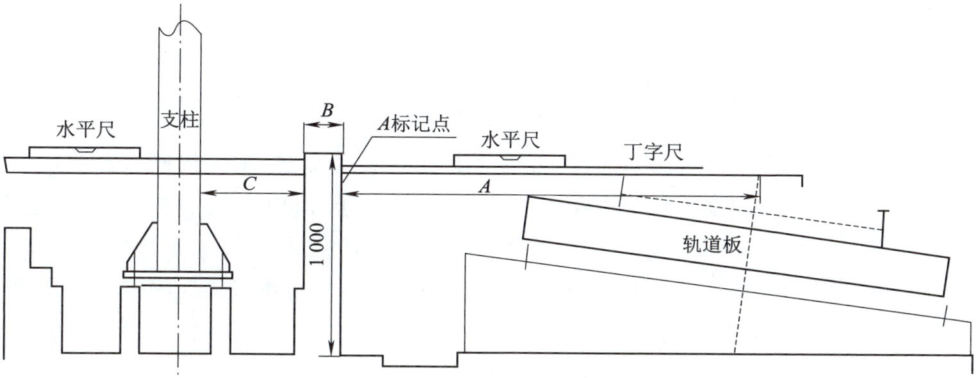

图 8-1-2　支柱限界测量示意图(单位:mm)

测量限界值均以轨面所在平面为测量面。对于无防撞墙的路基段、站场可采用 XCY-Ⅱ型接触网几何参数检测仪或丁字尺、水平尺配合测量支柱侧面限界。

硬横梁吊柱侧面限界可用经纬仪、丁字尺和水平尺配合测量。

对未铺轨区段,也可采用模拟轨、丁字尺辅助测量限界值,如图 8-1-3 所示。

图 8-1-3　利用模拟轨测量限界

②支柱倾斜值测量及斜率换算

斜率的测量值以支柱线路侧内沿的倾斜率为准。经纬仪置于跨距中间位置,镜身距线路中心距离与被测支柱前沿到线路中心距离相一致。在最低轨轨面线处水平放置钢卷尺，经纬仪镜筒沿支柱前沿顶端向轨面标记处垂直转动至最低轨轨面处，读取钢卷尺数据，即为被测支柱倾斜值。硬横跨吊柱可采用经纬仪抄到丁字尺上，量取读数。

各种支柱的斜率如下计算：

$$斜率=支柱倾斜值/H$$

a. H 型支柱　H=支柱总长−轨面至基础面距离。

b. 倒立柱　H=倒立柱的长度。

③超高测量及轨面标注

超高及轨面红线测量示意图如图 8-1-4 所示，置镜点在距支柱 15～20 m 的两路基板之间的通道上。在支柱点处两轨面上竖好塔尺，调整水平仪器，读取塔尺读数，并做记录；两轨面塔尺读数相减即为超高值。对于无防撞墙的路基段及站场可采用丁字尺与水平尺配合，在支柱位置将丁字尺置于轨面上，将水平尺放置于丁字尺上调整丁字尺使其气泡居中后，使用钢卷尺读取水平尺底与最低轨之间的距离。

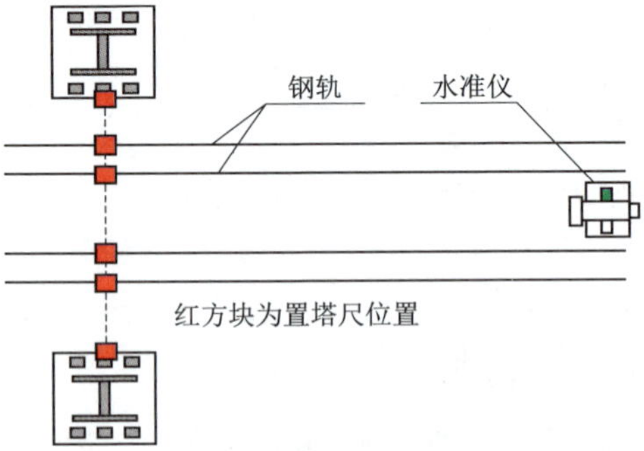

图 8-1-4　超高及轨面红线测量示意图

轨面标注测量点在客运专线工程中应以最低轨的轨面为准，因此对于其他工程如需要平均轨面标高的，测量方法应参考其他相关工艺资料。

最低轨面具体测量方法如下：

支柱处轨面标注，对于有防撞墙的高架段可采用水平仪配合塔尺进行测量。步骤如下：将塔尺分别垂直置于两钢轨上，在防撞墙外侧电缆沟侧支好水平仪分别读数找出最低轨（超高明显处可直接测量最低轨）并返至支柱上用记号笔标注。

对于无防撞墙的路基段及站场可采用丁字尺与水平尺配合进行测量标注。方法如下：对于曲外支柱，可先将丁字尺置于外轨与支柱内沿间通过水平尺调平，先记下外轨轨面位置而后减去该点超高后进行标注；对于曲内支柱，可直接进行标注。

进行轨面线（低轨面）标注时，方法为：用卷尺量抵住支柱法兰盘上顶面，并向上测量法兰盘与低轨之差值，支柱法兰盘读数减去低轨读数并标记，用模板、红色漆喷涂轨平面标记，如图 8-1-5 所示。

图 8-1-5　红线标记示意图

④上底座预留孔安装高度的测量

在对 H 型支柱进行支装计算过程中，需要相对准确地测量上底座至最低轨间的高度值。由于预留基础标高的误差及支柱调整的误差，须对每一支柱预留的上底座安装孔距最低轨面的高度进行现场测量。具体方法如下：

根据计算程序要求的数据及 H 型钢柱的标识，腕臂上底座至最低轨的高度 H_S 按下式计算：

$$H_S = H - B - h \tag{8-1}$$

式中　H_S——上底座安装高度(对最低轨面)；

H——支柱高度(支柱型号中表示)；

B——支柱顶至上底座的距离(支柱型号中表示)；

h——支柱底至最低轨面的距离。

⑤承力索高度的测量

应以承力索安装固定到位，接触线架设后，测量承力索铅垂于轨面的高度为准，使用激光测量仪测量时，每处宜测量三处取最小值，然后加承力索半径值(7 mm)，即为承力索中心高度值。

(3)内业整理

测量任务由各个测量组专业技术负责人组织，依据工艺要求和有关文件资料进行测量，并将测量结果按照要求整理完成交到支柱装配计算组。

第二节　腕 臂 预 配

1. 适用范围

适用于高速铁路接触网腕臂工厂化预配。其中，预配车间应满足下列要求：

(1)每 200 正线公里左右设置一个预配车间。

(2)每个预配车间可按 600 m^2 规划，参考图 8-2-1，应包含腕臂、吊弦、吊索、拉线以及包装等区域。

(3)预配车间宜设车间主任、计算人员、预配工长、技术员、安全员、质检员、材料管理员、设备管理员、作业班组等。

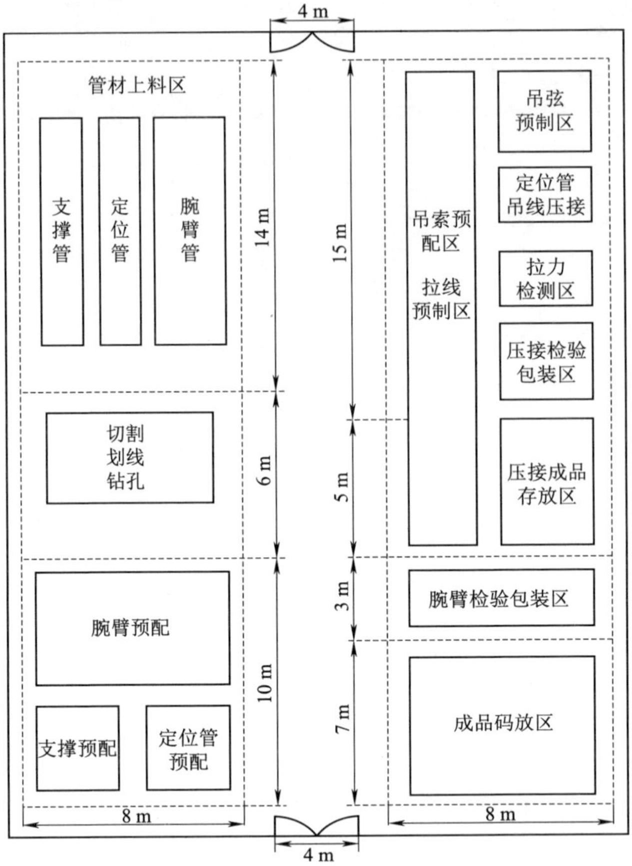

图 8-2-1 工厂化预配车间布置示意图

2. 工序流程

工厂化预配流程如图 8-2-2 所示。

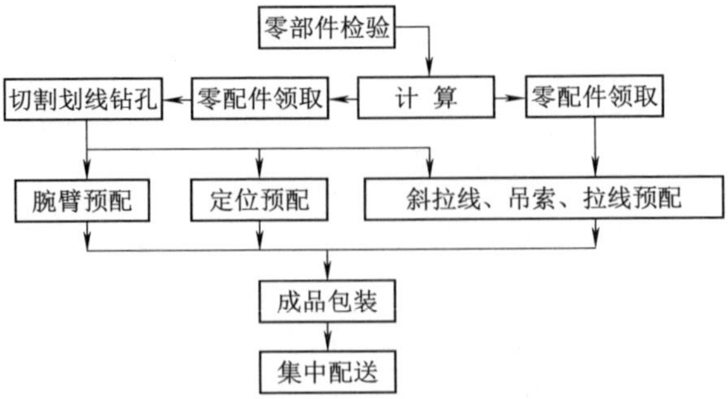

图 8-2-2 工厂化预配流程图

3. 施工技术标准

(1)腕臂预配数据需将 CATLAB 软件的计算数据与 CAD 图形相互参照，并制定统一的预配数据表格。

(2)腕臂预配需采用专用预制平台，预配的各项尺寸偏差不应大于 5 mm，预配完毕后应进行复测。

(3)腕臂零部件预配后相互间呈垂直状态。

(4)螺栓紧固力矩符合设计及产品安装手册要求。

(5)预配的腕臂安装后，承力索及接触线高度及拉出值符合设计要求，允许误差为±30 mm。

(6)预配完成后的腕臂结构中，套管座与承力索座之间标称距离为 300 mm；腕臂支撑应满足腕臂支撑与斜腕臂所夹锐角不小于 70°；锚支卡子处定位管坡度 1/10；定位管支撑与定位管夹角一般为 60°，允许在 45°～70°范围；平腕臂及定位管端部的长度余量为 200 mm。

(7)腕臂及定位装置上的螺栓、销钉的穿向作如下规定：水平穿向的螺栓、销钉均穿向来车方向(面向支柱从右手穿向左手)；垂直穿向的螺栓、销钉均由上方穿向下方。

(8)腕臂支撑、定位管支撑上的双耳套筒顶紧螺丝统一朝上安装；定位管上的双耳套筒顶紧螺丝安装在来车方向(面向支柱左手侧)；斜腕臂上的套管座顶紧螺丝安装在来车方向(面向支柱左手侧)；平腕臂上的套管座顶紧螺丝安装在相反方向(面向支柱右手侧)；组合承力索座顶紧螺丝安装在来车方向(面向支柱左手侧)。

4. 操作要点

(1)每预配 100 组腕臂应使用力矩扳手校验仪对力矩扳手进行校准。

(2)腕臂零件安装应采用红线仪校准，套管双耳、支撑管卡子、承力索座应在同一个水平面上。

(3)对紧固力矩进行抽查，比例为 25%，检查开口销是否掰到位、防松垫片是否安装正确，检查无误后在零部件与螺母、螺栓上用红色油漆或红色油性笔做出标记。

(4)在平、斜腕臂线路侧一端及定位管开口端扣上匹配规格的管帽，用橡胶榔头轻轻敲入，敲击时应敲打管帽的边沿，以免管帽被损伤，若温度低于 5 ℃，为防止管帽开裂，需采取加热方式。

(5)出库前，首先对支撑管卡子、套管双耳、承力索座等零件单独用气泡膜包装，再对腕臂、定位管、支撑用塑料气泡膜进行整体包装。包装完成后，为便于识别，在包装外贴上标签或用油性笔书写站区、锚段、支柱号。

第三节 腕臂安装

1. 适用范围

适用于新建高速铁路接触网支柱装配安装。

2. 工序流程

腕臂安装工序流程如图 8-3-1 所示。

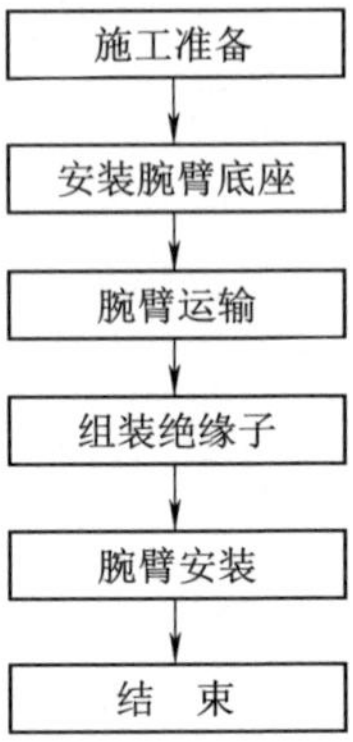

图 8-3-1　腕臂安装工序流程图

3. 施工技术标准

(1)腕臂上底座安装高度应符合设计要求,上下底座螺栓穿向田野侧,下底座位置需要根据输入参数软件验证确定,施工允许偏差为±50 mm。

(2)腕臂各种连接件螺栓紧固力矩应使用力矩扳手紧固达到设计值,开口销掰开角度 120°。螺栓穿向和紧固力矩见表 8-3-1。

表 8-3-1　腕臂各连接螺栓紧固力矩参照表

序号	零件名称	螺栓型号/位置	紧固力矩(N·m)	螺栓穿向	备注
1	套管座	连接螺栓　M20	100	螺母朝来车方向	腕臂安装后现场紧固
2	55 型套管单耳	U 型螺栓　M16	70		
3	70 型套管单耳(定位环)	U 型螺栓　M16	70	销钉穿向来车方向	开口销掰开 120°

续上表

序号	零件名称	螺栓型号/位置	紧固力矩(N·m)	螺栓穿向	备注
4	锚支定位卡子	U型螺栓　M12	44		
		线夹螺栓　M12	44	由下向上	螺栓端部涂螺纹锁固胶
5	ZJ型限位定位器	M10限位螺钉备母	20		
6	电气连接跳线	M10　螺栓	25	定位支座上由上往下穿，定位器上螺母在来车方向	铜铝复合垫片铜面在线鼻子侧，铝面在定位器或支座侧
7	腕臂底座	螺栓M20(有备母)	120	螺栓穿向支柱内侧，螺帽在支柱内	
		旋转平双耳销钉		由上往下穿	开口销掰开120°
		M14　螺栓销	40	开口销朝向来车方向	开口销掰开120°
8	棒式绝缘子	压板U型螺栓M12	44	向上，螺母在上方	注意平腕臂带有凸台压板要压在孔中
		旋转双耳螺栓销		开口销朝向来车方向	开口销掰开120°

(3)腕臂安装完成后应模拟测量承力索高度及拉出值，承力索高度允许偏差为±50 mm，拉出值允许偏差为±30 mm。

(4)腕臂棒式绝缘子排水孔朝下。

(5)腕臂安装完成后，承力索和接触线应在同一垂直面内，施工偏差不得超过±20 mm。承力索悬挂点距轨面的高度符合设计要求，允许偏差为±20 mm。

(6)螺栓紧固力矩值应符合设计要求。

(7)止动垫片掰向正确，连接销钉与开口销穿向正确，开口销掰开角度大于120°。

(8)腕臂无明显弯曲现象，受力后的腕臂的挠度不大于1.0%L(L为腕臂长度)。

(9)腕臂、零部件表面无磕碰现象。

(10)双、三腕臂底座应呈水平状态，用水平尺测量。

4. 操作要点

腕臂安装示意图如图 8-3-2 所示。其操作要点如下：

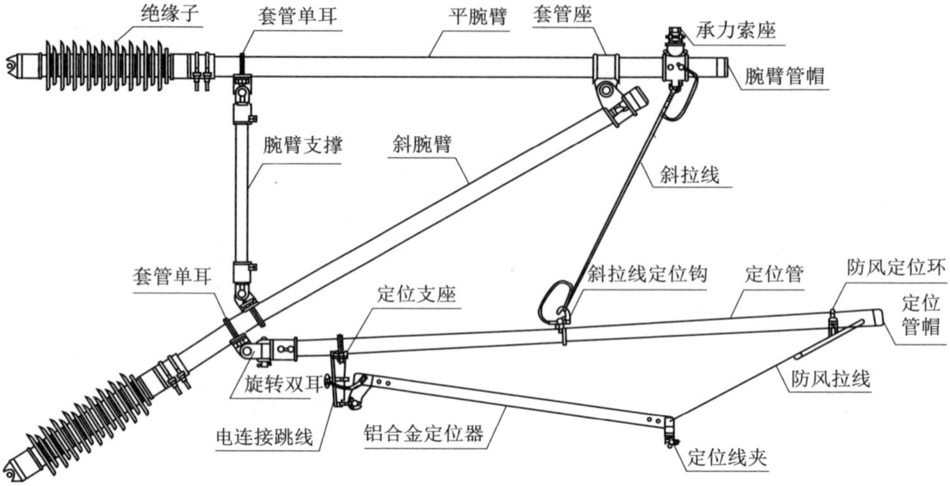

图 8-3-2 腕臂安装示意图

(1)预配好的腕臂装车、卸车或吊装过程中，严禁拆开包装物，严禁使用钢丝绳吊装，严禁与其他零部件材料混装挤压，按顺序装卸，轻拿轻放，防止腕臂及安装好的零部件受到挤压、磕碰，造成腕臂表面损伤、零部件损坏。

(2)腕臂上底座安装高度应符合设计要求，下底座位置需要根据输入参数软件验证确定，施工允许偏差为±50 mm。

(3)腕臂支撑安装角度为计算程序确定，一般无需调整。

(4)腕臂预配时对已紧固到位的零件螺栓进行了标识，不可随意松动。当不满足安装要求需要现场调整时，对经过重新调整的腕臂零件必须按照零件的设计力矩紧固到位。

(5)需现场紧固的螺母，使用力矩扳手紧固至设计力矩值，止动垫片不得缺失，安装位置及方法正确，连接销钉与开口销穿向正确。

(6)腕臂预配按照计算结果进行，预配完毕后应复测预配的各项长度尺寸偏差不大于 5 mm，各连接螺栓紧固力矩应符合设计要求。

(7)腕臂安装应符合腕臂安装曲线，在平均温度时应垂直于线路中心线。腕臂无弯曲，承力索悬挂点距轨面的高度符合设计要求，施工允许偏差为±100 mm。

(8)底座与支柱密贴，底座槽钢(或方钢)呈水平，顶端管帽封堵良好。腕臂或定位管低头安装时，端头不安装管帽。

第九章　承力索架设

第一节　锥套式终端锚固线夹安装(拆卸)

1. 适用范围

适用于新建高速铁路接触网各种型号的承力索锥套式终端锚固线夹安装(拆卸)。

2. 工序流程

锥套式终端锚固线夹安装工序流程如图 9-1-1 所示。

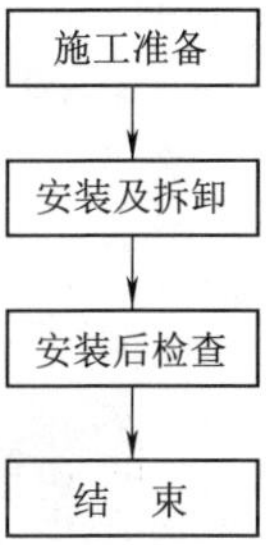

图 9-1-1　锥套式终端锚固线夹安装工序流程图

3. 施工技术标准

(1)终端线夹规格与所用的承力索线型一致。

(2)终端内楔子最多可以使用 2 次。超过 2 次不得使用,并做出标记隔离存放。

(3)楔子芯部的绞线不应有散股现象,楔子开槽中不应夹有绞线或其他异物,确保线夹及楔子受力均匀。

(4)开口销折弯夹角大于 120°。

(5)锥筒螺栓与终端双耳间紧固力矩为 80 N·m,锥筒螺栓外有部分螺纹属于正常现象。

4. 操作要点

(1)安装

①将承力索用电工胶带扎紧后裁剪,使用锯弓裁剪,注意裁线时不要使线头炸开和变形。

②如图 9-1-2 所示,用平锉刀搓平承力索端头,注意清理干净铜屑和杂物。

③如图 9-1-3 所示,将承力索依次穿入锥筒螺栓和楔子孔内,线头与楔子大端面平齐。

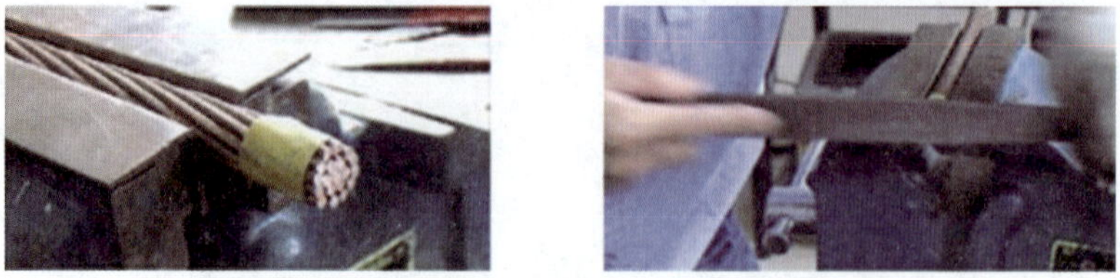

图 9-1-2　承力索绑扎、裁剪、搓平

图 9-1-3　承力索穿入锥套螺栓和楔子

④将锥筒螺栓轴向移动并使楔子外锥面与锥筒螺栓内锥面贴合，轻轻敲击楔子大端面，以迫使楔子握紧承力索，承力索端头与楔子大端面平齐。楔子芯部的绞线不应有散股现象，楔子开槽中不应夹有绞线或其他异物，如图 9-1-4 所示。

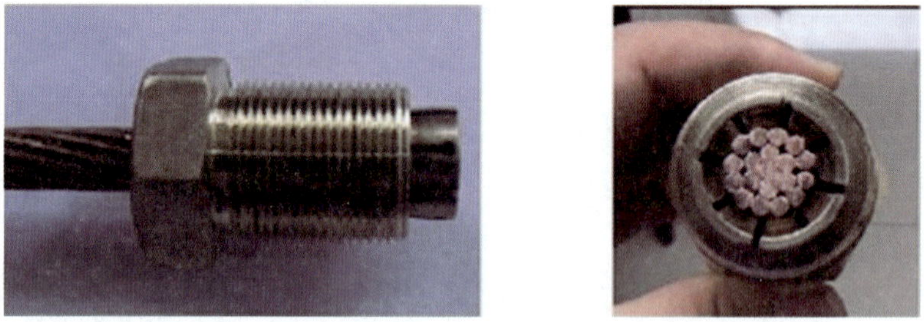

图 9-1-4　楔子放入锥套螺栓

⑤在锥筒螺栓六方端头的承力索上做好标记。

⑥如图 9-1-5 所示，卡住锥筒螺栓六方，旋紧终端双耳。

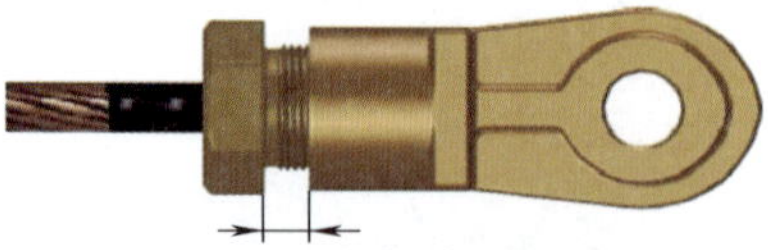

图 9-1-5　旋紧终端双耳

注意事项：

a. 紧固时，锥筒螺栓、楔子及承力索之间不能相对转动，只能将双耳旋入；标记线位置不能有明显变化。

b. 当紧固力矩达到 80 N・m 时，锥筒螺栓有部分螺纹裸露在外属于正常情况。

⑦在工作张力下，再次查看承力索上标记的位置，若有所变化应拆开检查，进行二次紧固，之后做好记录，如图 9-1-6 所示。

⑧将与终端锚固线夹连接的耳环放入双耳螺栓的开裆中，装上销钉及开口销，如图 9-1-7 所示。

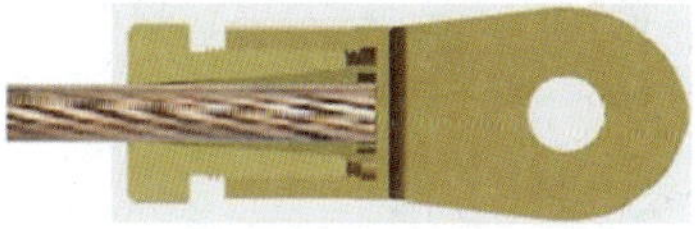

图 9-1-6　检查及二次紧固

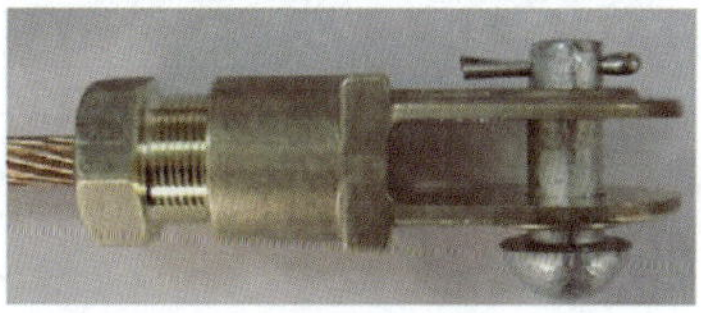

图 9-1-7　安装销钉及开口销

⑨对零件工作状况应进行定期检查，标记线位置应与安装记录一致，各连接件应牢固可靠。

(2)拆卸

现场调整接触线与承力索绝缘子对齐时，可能需要拆卸终端锚固线夹。承力索终端锚固线夹现场拆卸操作方法如下：

①首先应将承力索在距离终端锚固线夹 20 mm 处缠绕胶带，如图 9-1-8 所示，并用剪线钳在距离右螺纹端面 10 mm 处将承力索剪断，如图 9-1-9 所示。

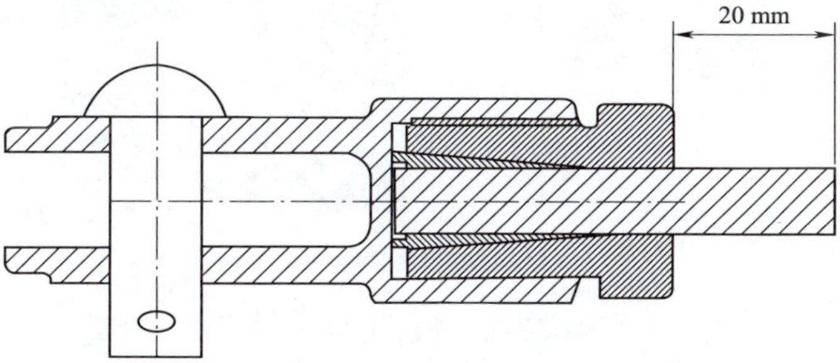

图 9-1-8　距离右螺纹楔套端面 20 mm 处缠绕胶带

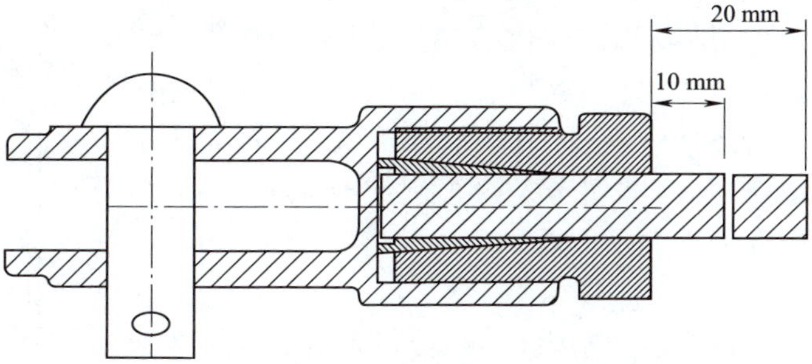

图 9-1-9　距离楔套端面外 10 mm 处锯断承力索

②用扳手拧下承力索线夹本体，如图 9-1-10 所示。

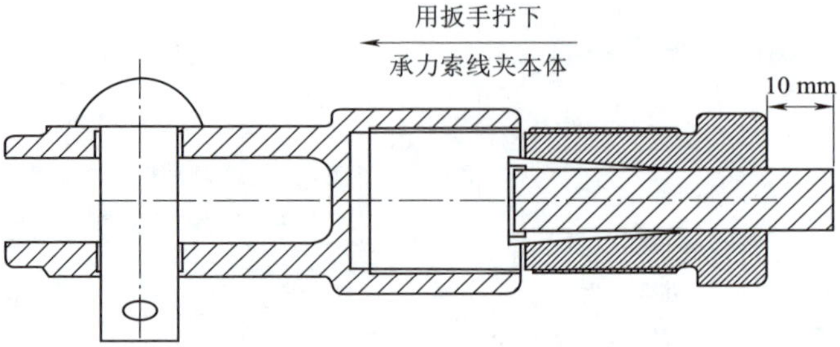

图 9-1-10　拧下承力索线夹本体

③找一节管子，以 T120 型承力索为例，找ϕ 55×6 的铝合金管，将夹有承力索的螺纹楔套放入管子里，并使右螺纹楔套的退刀槽处的面顶到管子端口，如图 9-1-11 所示。

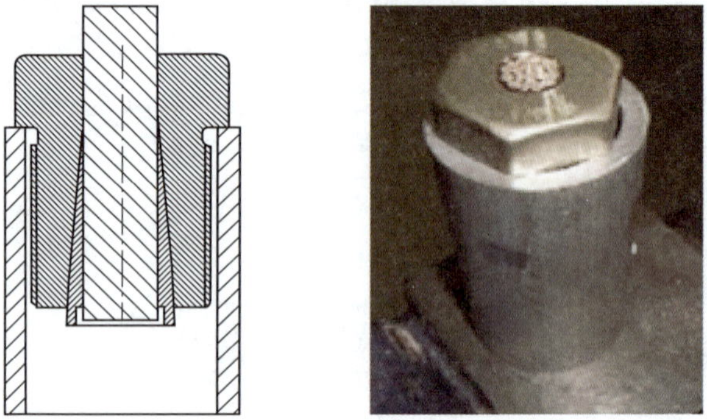

图 9-1-11　固定锥套侧线夹本体

④如图 9-1-12 所示，用手锤敲击承力索断面直到楔子退出。检查楔子是否被损坏，内部的锯齿牙有无变形。若楔子完好无损，可继续使用；若楔子被损伤，应更换楔子(楔子在没有被损伤的情况下，可以重复使用两次)。在现场安装使用时尽量避免拆卸。

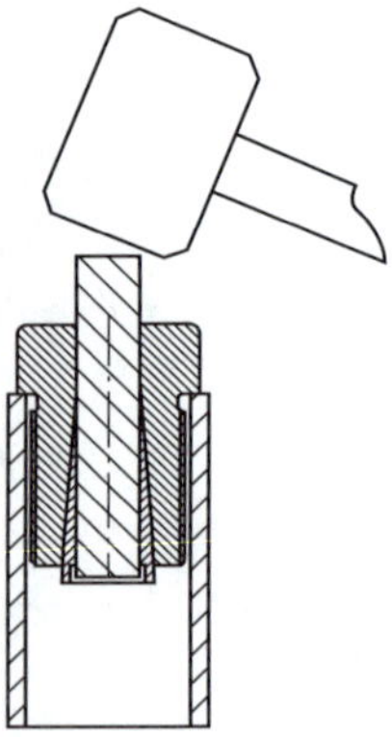

图 9-1-12　退出楔子

(3)安装后检查

检查项目：承力索终端锚固线夹孔中有无杂质，楔子芯部绞线是否散股，螺纹套筒和楔子是否歪斜或有杂质在其中，开口销两肢折弯角度是否大于 120°。

(4)结束

施工负责人填写施工记录表，主要安装人员应在记录表上签字，即实行质量责任制。

第二节　线索展放

1. 适用范围

适用于新建高速铁路接触网恒定张力架设承力索。

2. 工序流程

恒定张力架设承力索工序流程如图 9-2-1 所示。

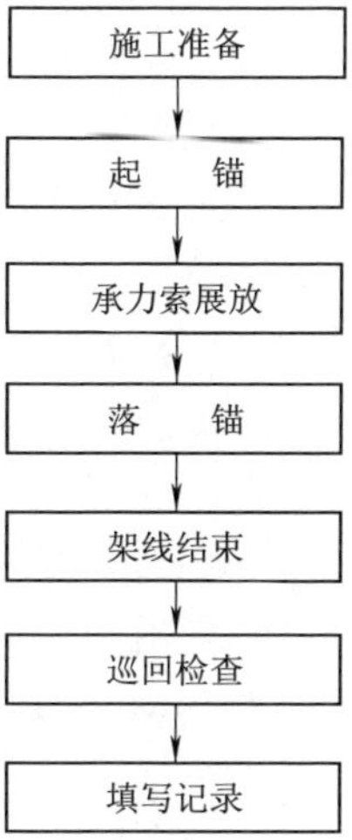

图 9-2-1　恒定张力架设承力索工序流程图

3. 施工技术标准

(1)承力索及终端锚固的规格、型号应符合设计要求。

(2)承力索应按设计锚段长度对号架设,新建承力索不得有接头。

(3)补偿装置应符合设计要求,补偿绳应无磨支柱和拉线现象,补偿坠砣串的重量允许偏差为±1%。

(4)起锚处承力索补偿坠砣在支柱上加固:在支柱适当位置处安装一临时固定抱箍,用钢丝套把坠砣固定在支柱上(或用尼龙套固定在坠砣固定框架适当位置处)。

(5)承力索下锚终端线夹安装严格执行《承力索锥套式终端锚固线夹安装(拆卸)施工作业指南》的要求,确保一次安装到位达标。

(6)放线时控制放线张力,行驶速度为 3～5 km/h。

4. 操作要点

(1)施工准备

①检查架线锚段的支柱装配及补偿装置是否安装正确,所有支柱的限界、埋深、倾斜度均应符合技术标准,并调查所架设锚段范围内线路附近、线路上方电力线、通信线路等干扰情况。

②加固腕臂,复线区段曲线处每隔 3～4 跨加固一次。铁线不宜过紧,能承受紧线时腕臂偏移力即可。单线区段曲线内侧支柱腕臂加固,转换柱采取将工作支与非工作支用双股 $\phi4.0$ 镀锌铁线绑在一起来固定。

③检查架线机械、工具和材料的质量及数量是否符合作业要求,并将工具和材料装在架线车组上。

④起锚人员提前到达现场，检查支柱强度及拉线、坠砣及补偿装置等是否达到要求。用 ϕ4.0 镀锌铁线将棘轮与棘轮框架固定在一起，使棘轮不能转动；大滑轮式补偿装置调整好 A 值后，用钢线卡子固定，使其不能滑动。

⑤架线车编组顺序为：恒张力架线车＋平板车＋轨道吊车。

⑥检查线盘号与锚段号是否符合，打开线盘注意线头方向是否正确。

⑦技术人员应按设计图纸提前做好放线计划及示意图，发给各项施工负责人，每人一份。

⑧按运输管理单位规定，提前将封闭架线请点要求及架线作业计划表提交运输科、调度所等相关配合部门，或者提交给线路临管单位，将放线车组停放在临近车站，架线当天架线人员在封闭点前提前一个小时到达现场。

⑨架线作业人员将卷扬机钢丝绳缠绕在绞盘上，恒张力架线车司机按操作程序将张力和百分比的设定值设为“0”，工况转换开关用 1 号位；将压块与绞盘的间隙适当调大，把卷扬机离合器脱开位(离合器手把在内侧)，按走线方向绕过绞盘(绕 1 圈半)，最后从绞盘下面向线盘方向引出(架线作业人员配合)并将承力索与网套连接好。助理司机摇动支架，将立柱顶部张力滑轮抬高。

⑩司机按程序操作，先把线盘与两个绞盘上的线收紧，将百分比设为 20%，工况转换开关用 1 号位。将“绞盘缓解”按钮按下后，线盘应缓慢转动，直到把线收紧为止。

⑪司机按程序把选择开关(电器柜上)打到遥控位，工况转换开关用 2 号位，把卷扬机离合器扳到接合位，操作遥控器收回卷扬机钢丝绳，同时将线盘上的金属线引出，缠绕在两个绞盘上。

⑫司机按程序操作，解除线盘移动定位，并用细绑线将打开后的线盘移动定位板固定住。把工况转换开关扳到 3 号位，用手稍微推、拉摇动杆，线盘应随着左右横向移动。

⑬司机按程序操作，将液压装置全部恢复到原始位置，所有的定位销(定位板)置于锁定位。

⑭将承力索头与网套分离，将卷扬机离合器扳到脱位，人工将卷扬机钢丝绳收回，把承力索拉向作业台。待放承力索起锚端引过柱顶部滑轮，将其拉到作业平台，架线人员按回制作工艺，安装好起锚端终端锚固线夹。

(2)起锚

①接到线路封锁命令后，架线车组运行至起锚支柱位置停车，司机摘开高速运行挡，转换到液压走行挡位。将工作台栏杆扶起固定好，解除作业台回转定位，绞盘架摆动定位。把工况转换开关扳到 1 号位，并在操作室计算机显示器上确认，同时确认张力和百分比皆为“0”。

②司机按程序把工况控制板上“线盘制动缓解”和“绞盘制动缓解”按钮持续按住，将线盘和绞盘缓解。

③架线作业人员人工转动线盘与绞盘，将线索端头拉到补偿装置附近。

④司机按程序操作，将立柱升到工作高度，同时将立柱滑轮托架落到最低位置。

⑤架线车上 2 名作业人员上平台组装绝缘子等起锚零件，旋转平台靠近锚柱补偿装置位置处。起锚人员一人上杆，配合架线车上人员把补偿滑轮递给架线车上人员，并检查补偿绳是否在棘轮槽内，架线车上人员应根据放线计划表看起锚是否穿线，如需穿线，则架线车停在需穿线位置然后穿线，穿线后起锚人员将承力索拉至锚柱与补偿装置连接。

⑥进行作业车与架线车解体，摆正作业车平台，起锚人员下杆，起锚完成。

(3)承力索展放

①架线车司机在操作台上将放线距离数值清零，计算机故障确认(清零)，设定架线恒张力参数。起锚架线速度选 1 速，如架线速度选 2 挡，应在下锚前一跨调为 1 速。司机用遥控器操作放线车开始放线。

②作业车平台升到适合操作高度，在每一悬挂点处停车，将承力索通过铁丝套放线滑轮悬挂在腕臂头上。每隔 300 m 左右设一人观察已架设的承力索。放线过程中控制放线速度在 3～5 km/h 之间。

③站场架设线，车站值班室应设一人专门联络施工要点，并向架线人员通报各股道车辆运行情况。

④作业车平台上 1 人观察线条的走向，1 人负责指挥司机操作。架线车向前运行至下一支柱时停车。1 人负责扳正腕臂并扶住，2 人抬起承力索放入承力索支撑线夹处的滑轮内。完成后，架线车继续往前架线。

⑤架线车上的作业平台基本接近下锚柱时，指挥人员与起锚人员随时联系，掌握起锚处的变化状况。指挥架线车停止展放，准备进行落锚。

(4)落锚

①架线到落锚地点后，司机将工况选择开关保持在 3 号位不动，司机遥控操作，将作业台转向锚柱，并使放线车体倾向下锚侧(田野侧)。

②落锚施工人员在承力索和下锚连接线之间适当位置安装紧线器，用链条葫芦把补偿装置与承力索连接。下锚人员配合紧链条葫芦，当链条葫芦加力至葫芦逐渐向田野侧偏移，司机配合逐渐降低承力索的张力，待实际张力稳定后，把张力与百分比的给定值同时设为“0”，此时线索基本到下锚方向。

③链条葫芦继续紧线，起、下锚人员观察坠砣串及 B 值，当 B 值符合设计要求时，通知紧线人员停止紧线。

④司机将立柱缓慢下落,使立柱顶线索松开。立柱下落后,如张力与百分比值都已到零,但从外观看不出从架线车立柱顶部引出的线索完全松弛,此时可应下锚人员要求向起锚方向稍微移动架线车(距离约 0.5～1 m)以彻底使金属线松弛。此时,严禁使用遥控器移动架线车,必须在司机室内操作。

⑤断线安装终端线夹:先准确对位(在起锚、落锚坠砣高度都符合设计要求的情况下进行对位剪线)剪线后,严格按要求安装承力索终端。

⑥将承力索双耳终端锚固线夹与落锚补偿装置的复合绝缘子连接,再与下锚补偿装置的杵环连接牢靠。

⑦紧线操作人员缓慢松链条葫芦,拆除链条葫芦和紧线器,架线车归位,即完成正式落锚连接。架线车司机操作使作业平台及车体归位至正常位置。

⑧架线人员将卷扬机和钢丝绳与剩余线头连接,司机将工况转换开关扳到 2 号位,百分比设为 25%,用遥控器收线。

⑨如封闭时间还可架线,施工负责人指挥架线人员吊装线盘,重复以上程序架设另一锚段线。

(5)架线结束

架线车液压装置复位:司机将工况转换开关扳到 1 号位,拆下线盘摆动传感器,把绞盘架调整到水平位置,绞盘架摆动定位销及线盘移动定位板放到“锁定”位置,检查滑轮托架在最低位置后,把立杆落到原始位置,把作业台落到最低位,并把作业台回转锁定销放到锁定位,放倒作业台栏杆。

(6)巡回检查

落锚完毕,落锚处全部人员上架线车,架线车沿架线方向返回。车上人员观察各悬挂点及曲线处已架设承力索有无过低或脱落现象,直至起锚柱,如安全无误,架线车退回车站。

(7)施工结束

施工负责人确认人员、机具、材料全部撤除施工现场,检查无问题后,架线车在封闭点内返回车站,填写承力索架设施工记录表。

第三节　中心锚结安装

1. 适用范围

适用于新建高速铁路接触网承力索中心锚结安装。

2. 工序流程

承力索中心锚结安装工序流程如图 9-3-1 所示。

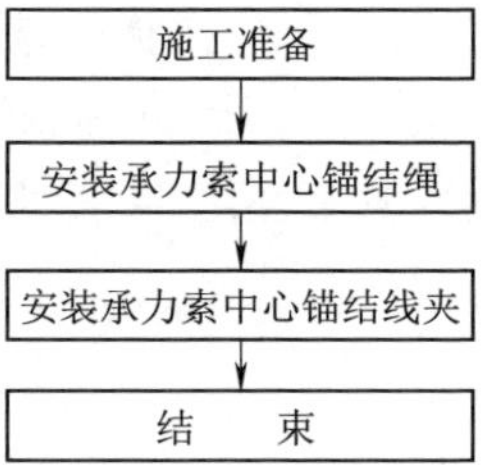

图 9-3-1　承力索中心锚结安装工序流程图

3. 施工技术标准

(1)承力索中心锚结在承力索架设后 24 h 内安装,下锚张力采用张力计控制。承力索中心锚结线夹安装示意如图 9-3-2 所示。

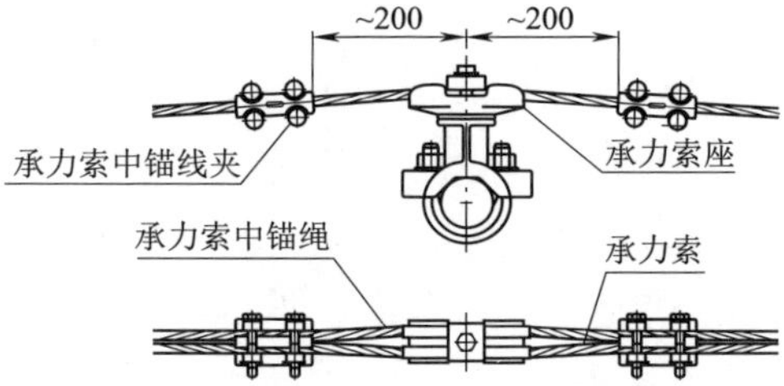

图 9-3-2　承力索中心锚结安装示意图(单位:mm)

(2)承力索中心锚结安装完成后,从中心锚结中心柱往下锚方向开始承力索归位,腕臂偏移值应符合温度曲线要求。

(3)中心锚结线夹螺栓从线路侧穿向田野侧,螺栓紧固力矩为 46 N·m。

(4)承力索中心锚结辅助绳应安装在靠近支柱一侧的槽内。

4. 操作要点

(1)安装承力索中心锚结绳

①将作业车停在中锚起锚处 2.5 m 左右,升起作业平台,旋转至起锚处。上杆 1 人安装 30 型杵环杆,平台操作人员接过连接好的杵环杆,将回头上的单联碗头挂板与组装体杵头悬式绝缘子相连,插好弹簧销,完成承力索中心锚结绳的起锚安装。

②作业台回转正常位置,放线车以 5 km/h 的速度展放承力索中心锚结绳至中锚中心柱。作业人员拧下组合承力索支撑线夹上盖螺母,取下线夹上盖,将滑轮内的承力索放在靠近支柱侧槽内,承力索中锚绳放在另一槽内,带上上盖,预拧上螺母。

③放线车以 5 km/h 的速度展放承力索中锚绳至落锚处 2.5 m 左右停车，1 人上杆安装 30 型杵环杆。作业平台旋转接近锚柱，连接连接体，将尼龙套套在耳环绝缘子钢帽后，2 人将中锚绳拉起，1 人在适当位置安装紧线器，连接倒链葫芦、拉力计，开始紧线，如图 9-3-3 所示。

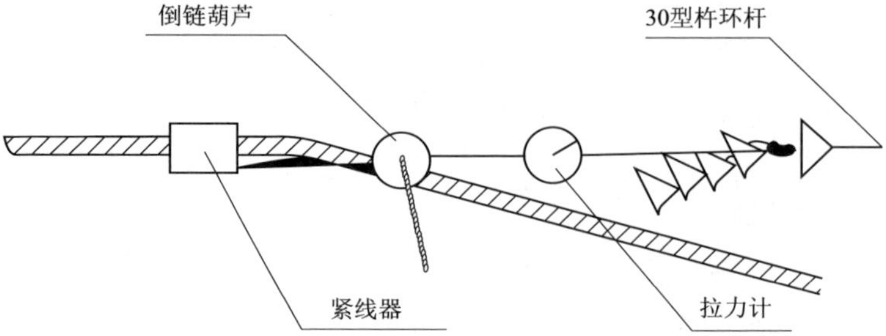

图 9-3-3　中锚绳安装示意图

④当拉力计显示达到设计值时，停止紧线，断线落锚。

⑤落锚完成后，将余线收盘，拆卸工具。

⑥放线作业车以 5 km/h 的速度返回中心柱，作业人员使中心柱腕臂垂直于线路中心线，用力矩扳手或专业工具拧紧组合承力索线夹上盖上的螺母。

(2)安装承力索中心锚结线夹

安装好中心锚结线夹。

(3)结束

收回工具，降下作业台，放线车返回停车站，施工负责人填写施工记录表。

第十章　接触线架设

第一节　锥套式终端锚固线夹安装(拆卸)

1. 适用范围

适用于新建高速铁路接触线锥套式终端锚固线夹安装(拆卸)。

2. 工序流程

终端锚固线夹安装(拆卸)工序流程如图10-1-1所示。

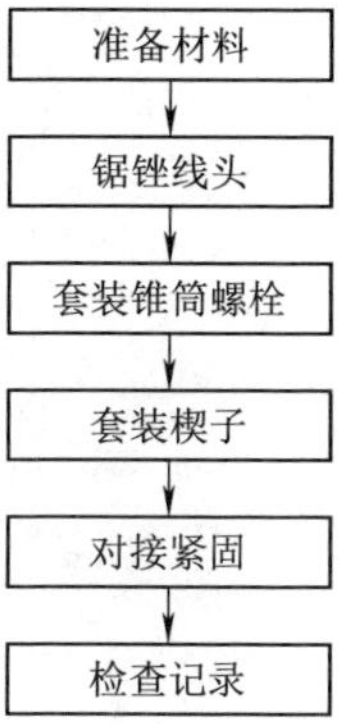

图10-1-1　终端锚固线夹安装(拆卸)工序流程图

3. 施工技术标准

(1)紧固力矩标准:终端双耳本体与其锥筒螺栓的标准紧固力矩为80～100 N·m。

(2)紧固距离标准:终端双耳六棱体端面距锥筒螺栓大端面之间的距离应不大于12 mm,线头露出双耳底面的距离为2 mm。

(3)楔子使用寿命标准:楔子为一次性使用部件,安装紧固后拆下来的楔子不得再次使用。

(4)紧固旋转操作标准:连接旋转紧固操作时,只能旋转终端双耳本体,不得旋转锥筒螺栓。

4. 操作要点

(1)材料检验

卸开终端线夹,将锥筒螺栓、楔子、本体分开,并逐一检查其外观和型号。

(2)锯锉线头

①用钢锯将接头的接触线端头锯齐。

②用平锉去掉端部毛刺,使端部平齐。

(3)套装锥筒螺栓

将接触线线头从六棱缘边侧穿入锥筒螺栓内约120 mm止。

(4)套装楔子

①拨均槽缝:用解刀稍微拨开楔子的楔式槽片,使其槽缝均匀,其槽片组成的圆形端头开口(楔子小头)内径刚好与接触线外径等大。

②穿楔子:将从锥筒内穿出的接触线头从楔子小头穿入,直至线头露出楔子大端面外 37 mm。

③对槽缝:转动楔子,使其一个槽缝与接触线的一个鼻沟槽重合。不得使槽缝对准接触线顶面的角形棱边。

④挤锥筒包紧楔子:在锥筒螺栓六棱缘边端面处,用手钳轻夹住接触线,沿其轴向用木锤向楔子方向缓慢敲击手钳,使锥筒螺栓与楔子相互之间刚好产生初始抱紧,即使楔子槽片的内丝纹咬住其接触线表层金属而受力,但不能使楔子与接触线间产生相对滑动,如图 10-1-2 所示。

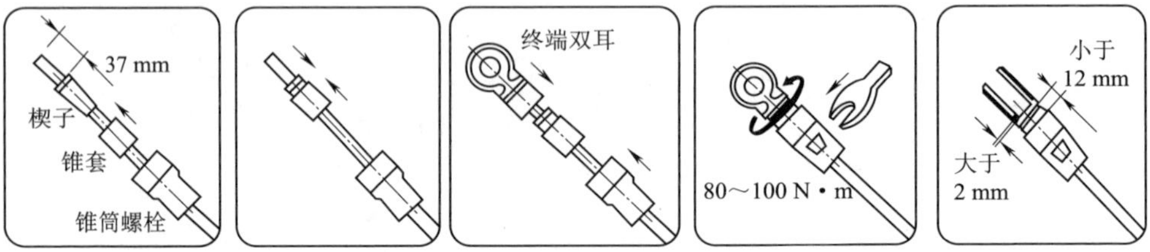

图 10-1-2 终端线夹安装过程操作示意图

(5)对接紧固

①连接本体:观察楔子四个槽片已基本合拢并未卡线,但已整体包紧接触线;将锥筒螺栓(带接触线线头和楔子)整体与其双耳本体对轴相连后稳住,并顺手顺向将其本体旋转几周,使其锥筒螺栓旋入双耳本体螺纹中到可松手二件不会脱离为止。

②手动紧固:快速顺向旋转终端双耳本体,直到手旋不动后暂时停止。

③标准紧固:两人配合,一人用扳手钳住锥筒螺栓上的凹槽,并高度稳住不动;另一人再用力矩扳手旋转终端双耳本体,直至其紧固力矩达到 80～100 N · m。

(6)检查记录

①检查紧固距离:检查终端双耳六棱缘边端面距锥筒螺栓大端面之间的距离,并判断处理,应不大于 12 mm,否则反方向旋下终端双耳本体,检查无异常现象后,再按上述步骤连接紧固,否则处理。

②做标记:外观检查终端双耳本体、锥筒螺栓应无裂纹、无变形后,在紧靠其六棱缘边端面处的接触线上涂一道红油漆标记线。

③在接触线工作受力作用下,观察标记线与终端线夹的相对位置是否没有变化,否则处理。

④填写施工日志：记录施工日期、关键操作责任人员姓名、生产厂家及其在工程上的安装位置、安装质量等。

第二节　线索展放

1. 适用范围

适用于新建高速铁路接触线恒张力架设。

2. 工序流程

接触线恒张力架设工序流程如图 10-2-1 所示。

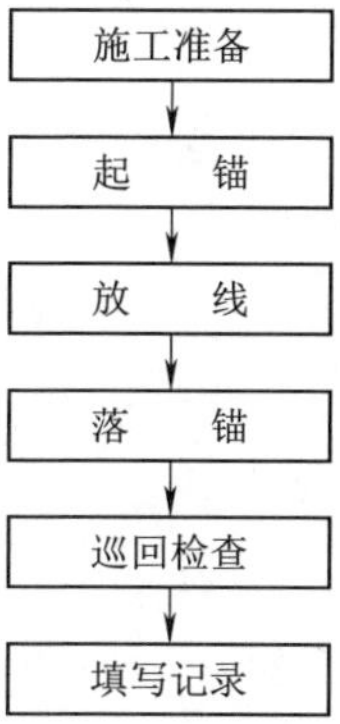

图 10-2-1　接触线恒张力架设工序流程图

3. 施工技术标准

(1)按设计要求和技术指南相关要求检查材料质量。

(2)复线曲线处加固应根据曲线半径和承力索的张力计算水平张力大于垂直张力时，方可采取加固措施。

(3)"S"钩的长度应事先根据承力索设计额定张力按有载计算，分为 A、B 两种，即靠近悬挂点为 A，跨中为 B，放线时按型号位置安装。承力索"S"钩套塑料管，接触线"S"钩端加挂放线滑轮。

(4)起锚处接触线补偿坠砣在支柱上加固：在支柱适当位置处安装一临时固定抱箍，用钢丝套把坠砣固定在支柱上。抱箍应牢固可靠(或用尼龙套固定在坠砣框架的合适位置)。

(5)接触线下锚终端线夹安装严格执行接触线锥套式终端锚固线夹安装(拆卸)工艺要求，确保一次安装到位达标。

(6)放线应采用恒张力架线车，行驶速度为 3～5 km/h，接触线架线张力由接触线生产厂家设定，一般宜为 8～12 kN。

(7)接触线的平直度检测标准：每隔 300 m 在不同悬挂点用塞尺检查导线与检测尺之间的间隙，其间隙不得大于 0.1 mm。

(8)接触悬挂工作支改变方向时，该线与原方向的水平夹角不宜大于 4°。

4. 操作要点

(1)施工准备

①检查架线锚段的承力索已架设并归位，检查补偿装置是否安装正确。

②检查放线机械、工具及材料的质量及数量是否符合作业要求，并将工具和材料装在架线车上。

③事先向架线人员进行技术交底培训，使每个作业人员均为合格的操作者。

④起锚人员提前到达现场，检查支柱强度及拉线、坠砣及补偿等是否达到要求。在支柱合适位置安装固定抱箍，把坠砣提到设计位置后，固定在临时抱箍上（或用尼龙套固定在限制框架合适位置上），使坠砣串基本保持在该位置。

⑤架线车编组顺序为：恒张力架线车（头车）＋轨道吊车＋平板车。

⑥技术人员应按设计图纸提前做好放线计划及示意图，发给架线车司机、驻站联络人和施工负责人，每人一份。

⑦提前将架线封闭线路要点的架线作业计划提报运输部门单位，以便安排作业封闭点计划。

⑧施工前应将架线车组停放在需架线区间的邻近车站，将所放锚段的线盘装在车上，并将接触线平直度整正器安装调试好。

⑨架线当天，架线全体人员应在封闭点前一个小时到达车站，并上车准备。

⑩检查线盘号与锚段号是否符合，打开线盘注意线头方向是否正确。

⑪架线人员配合将卷扬机钢丝绳缠绕在绞盘上，恒张力架线车司机按操作程序将张力和百分比的设定值设为"0"，工况转换开关用1号位；将压块与绞盘的间隙适当调大，把卷扬机离合器脱开位（离合器手把在内侧），按走线方向绕过绞盘（绕1圈半），最后从绞盘下面向线盘方向引出（架线作业人员配合）并将接触线与网套连接好。助理司机摇动支架，将立柱顶部张力滑轮抬高。

⑫司机按程序操作，先把线盘与两个绞盘上的线收紧，将百分比设为20%，工况转换开关用1号位。将"绞盘缓解"按钮按下后，线盘应缓慢转动，直到把线收紧为止。

⑬司机按程序把选择开关（电器柜上）打到遥控位，工况转换开关用2号位，把卷扬机离合器扳到接合位，操作遥控器收回卷扬机钢丝绳，同时将线盘上的金属线引出，缠绕在两个绞盘上。

⑭司机按程序操作，解除线盘移动定位，并用细绑线将打开后的线盘移动定位板固定住。把工况转换开关扳到3号位，用手稍微推、拉摇动杆，线盘应随着左右横向移动。

⑮司机按程序操作，将液压装置全部恢复到原始位置，所有的定位销（定位板）置于锁定位。

⑯提前将接触线矫直器安装在架线上立柱位置，并调整好。

⑰将接触线头与网套分离，将卷扬机离合器扳到脱位，人工将卷扬机钢丝绳收回，把接触线拉向作业台。待放接触线起锚端引过柱顶部张力滑轮，将其拉到作业平台，架线人员按《接触线锥套式终端锚固线夹安装（拆卸）施工作业指南》的要求

安装好起锚端终端锚固线夹，使终端锚固线夹的位置置于作业平台长度的 2/3 处，并将接触线放在矫直器内，合好矫直器，拧紧连接螺栓。

(2)起锚

①接到线路封锁命令后，架线车组运行至起锚支柱位置停车，司机摘开高速运行挡，转换到液压走行挡位。将工作台栏杆扶起固定好，解除作业台回转定位，绞盘架摆动定位。把工况转换开关扳到 1 号位，并在操作室计算机显示器上确认，同时确认张力和百分比皆为“0”。

②司机按程序把工况控制板上“线盘制动缓解”和“绞盘制动缓解”按钮持续按住，将线盘和绞盘缓解。

③架线作业人员人工转动线盘与绞盘，将线索端头拉到补偿装置附近。

④司机按程序操作，将立柱升到工作高度，同时将立柱张力轮托起。

⑤架线车司机遥控操作，旋转并升作业平台靠近锚柱补偿装置位置处。起锚人员一人上杆，配合架线车上人员将补偿连接件复合绝缘子递给架线车上人员，并检查补偿绳是否在滑轮槽内、平衡绳是否平顺，架线车上作业人员将接触线终端锚固线夹与复合绝缘子连接上。

⑥司机遥控操作，使架线平台归位。将架线车与轨道吊和平板车解体，起锚人员下杆，起锚完成。

(3)接触线展放

①架线车司机在操作台上将放线距离数值清零，计算机故障确认(清零)设定架线参数(即张力等)。架线速度选 1 速。将张力轮下降，司机用遥控器操作放线车开始放线。

②作业负责人负责观察线条的走向，并负责指挥司机和作业人员操作，1 人准备“S”钩和滑轮，2 人挂“S”钩和滑轮，架线车边走边挂，每跨不少于 4 个，“S”钩上部挂在承力索上，下部挂滑轮，再将接触线挂在滑轮内。

③架线车上的作业平台基本接近下锚柱时停止展线，指挥人员与起锚人员随时联系，掌握起锚处的变化状况，并根据此情况指挥司机和架线人员使架线车停止前进，准备进行落锚。

(4)落锚

①架线到落锚地点后，司机将工况选择开关保持在 3 号位不动，司机遥控操作，将作业台转向锚柱，并操作使放线车体倾向下锚侧(田野侧)。

②落锚施工人员在接触线和下锚连线的适当位置安装紧线器，用链条葫芦把补偿装置与接触线连接。紧链条葫芦，当链条葫芦加力至葫芦逐渐向田野侧偏移，司机配合逐渐降低接触线的张力，待实际张力稳定后，把张力与百分比的给定值同时设为“0”，此时线索基本到下锚方向。

③链条葫芦继续紧线，起、下锚人员观察坠砣串及 B 值，当 B 值符合设计要求时，通知紧线作业人员停止紧线。

④司机将立柱缓慢下落，使立柱顶线索松开。立柱下落后，如张力与百分比值都已到零，但从外观看不出从架线车立柱顶部引出的线索完全松弛，此时可应下锚人员要求向起锚方向稍微移动架线车（距离约 0.5～1 m）以彻底使金属线松弛。此时，严禁使用遥控器移动架线车，必须在司机室内操作。

⑤断线安装终端锚固线夹：先准确对位（在起锚、落锚坠砣高度都符合设计要求的情况下进行对位剪线）剪线后，安装好接触线终端锚固线夹。

⑥将接触线终端锚固线夹与落锚补偿装置的复合绝缘子连接牢靠，将接触线矫直器螺栓松开，抬起矫直器，取出接触线。

⑦紧线操作人员缓慢松链条葫芦，拆除链条葫芦和紧线器，架线车归位，即完成正式落锚连接。架线车司机操作使作业平台及车体归位到正常位置。

⑧架线人员将卷扬机和钢丝绳与剩余线头连接，开关在 1 号位，百分比设为 25%，张力为 0。按控制板上“线盘制动缓解”和“绞盘制动缓解”按钮，把线头收回到立柱滑轮附近。司机将工况转换开关扳到 2 号位，百分比设为 25%，用遥控器收线。

⑨在一个锚段找 3～5 个跨距用接触线平直度检测尺检测所放锚段接触线平直度是否符合要求。

（5）巡回检查

①架线车液压装置复位：司机将工况转换开关扳到 1 号位，拆下线盘摆动传感器，把绞盘架调整到水平位置，绞盘架摆动定位销及线盘移动定位板放到“锁定”位置，检查滑轮托架在最低位置后，把立杆落到原始位置，把作业台落到最低位，并把作业台回转锁定销放到锁定位，放倒作业台栏杆。

②现场负责人要求架线人员检查全锚段的接触网状况，人员机具、材料全部撤除施工现场，检查无问题后，架线车在封闭点内返回车站。

（6）结束

放线结束后，施工负责人填写接触网架设施工记录表。

第三节　中心锚结安装

1. 适用范围

适用于新建高速铁路接触网接触线中心锚结安装。

2. 工序流程

接触线中心锚结安装工序流程如图 10-3-1 所示。

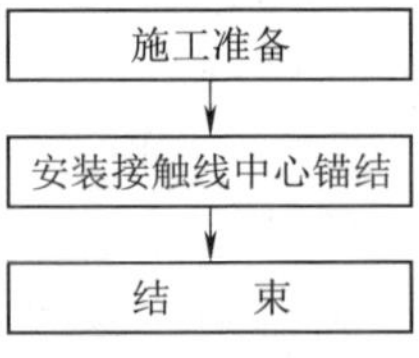

图 10-3-1　接触线中心锚结安装工序流程图

3. 施工技术标准

(1)中心锚结绳长度为 $5h+500$ mm，h 为承力索至接触线的间距，允许偏差为 ±20 mm；回头外露 20 mm，允许偏差为±5 mm。

(2)接触线中心锚结线夹距离吊弦 500 mm，允许偏差为±50 mm。

(3)接触线中心锚结线夹处接触线高度与相邻吊弦处接触线高度相等，允许偏差为 0～5 mm。

(4)与接触线连接的接触线中心锚结线夹螺栓按图相互方向安装，紧固力矩为 100 N・m；承力索中心锚结线夹螺栓紧固力矩为 46 N・m。

(5)接触线中心锚结安装示意如图 10-3-2 所示。

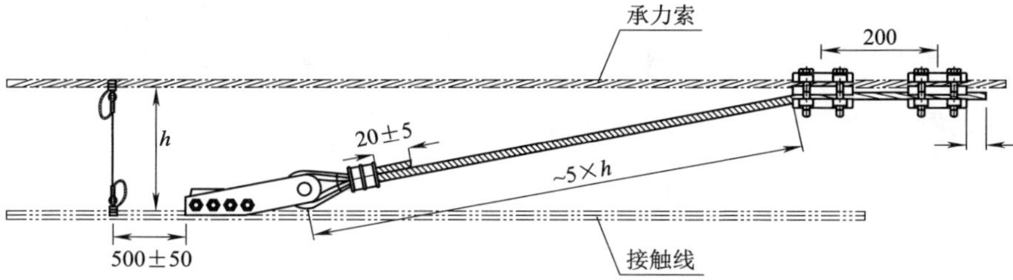

图 10-3-2　接触线中心锚结安装示意图(单位：mm)

4. 操作要点

(1)安装中心锚结绳

①承力索中心锚结安装、承力索归位、接触线架设均已完成。

②中心锚结支柱及两侧相邻支柱定位器已安装，且与中心锚结柱相邻 3 跨吊弦均已安装。

③检查起、落锚补偿坠砣 B 值，并基本达标。

④中心锚结应安装在设计指定位置上，接触线中心锚结所在跨距内不得有接触线接头。直线区段的中心锚结线夹端正，曲线区段的中心锚结线夹应与接触线倾斜度相一致，中心锚结线夹应牢固可靠，螺栓紧固力矩符合设计要求。

(2)结束

拆除起、下锚补偿坠砣的临时固定，收回工具、材料。作业车降下作业平台，返回停车站。施工负责人填写施工记录表。

第十一章　铝合金腕臂接触网悬挂安装调整

第一节　定位装置安装调整

1. 适用范围

适用于新建高速铁路接触网定位装置安装及拉出值调整安装。

2. 工序流程

定位装置安装调整工序流程如图 11-1-1 所示。

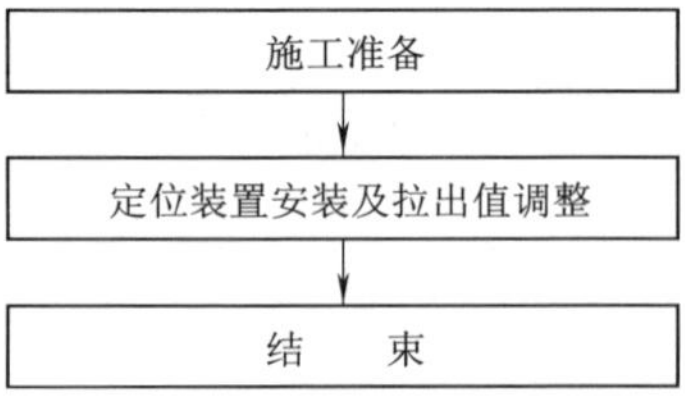

图 11-1-1　定位装置安装调整工序流程图

3. 施工技术标准

(1)定位装置应在接触线架设后 48 h 内完成安装。

(2)定位装置安装前应检查接触线补偿状态,并复核腕臂偏移量。

(3)正、反定位定位管均应水平,正定位允许抬头,反定位允许低头,但其坡度不得大于 150 mm/m。

(4)接触线拉出值的布置应符合设计要求,允许偏差为±30 mm。在任何情况下其导线偏移值(相对于受电弓中心)不宜大于 400 mm。

(5)电分段锚段关节内两接触线间接触悬挂其他各带电部分的绝缘距离应符合设计要求,允许偏差为±20 mm,四跨关节中心柱、五跨关节两中心转换柱跨中间两接触线应等高,并应符合设计要求。

(6)双线电气化区段,上、下行接触网带电体间距离,正常情况下不应小于

2 000 mm，困难时不应小于 1 600 mm。

(7)限位间隙调整：限位间隙应符合要求，施工允许偏差为±1 mm。

(8)定位管吊线应顺直受力，定位管吊线与弹性吊索间隙大于 100 mm，参考图 11-1-2。

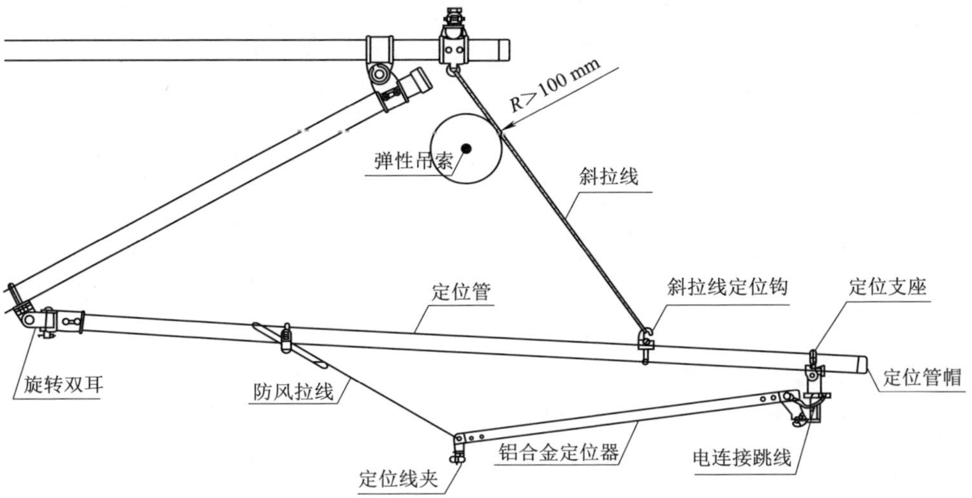

图 11-1-2　定位装置安装示意图

(9)接触线非工作支和工作支定位管间的间隙不应小于 50 mm。

(10)铜铝垫片铝面与定位支座、定位器接触，铜面与跳线接线端子接触，参考图 11-1-3。

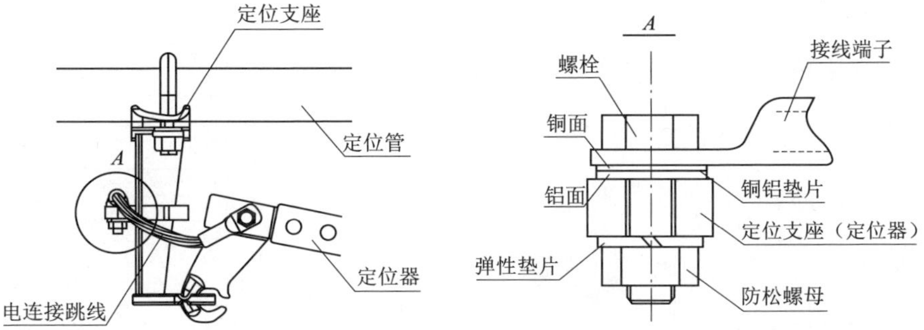

图 11-1-3　电连接跳线铜铝垫片安装示意图

(11)电连接跳线定位支座处连接线夹呈水平且与线路平行，定位器处连接线夹与定位器钩平行。

4. 操作要点

(1)定位器必须保持接触线之字值、拉出值的正确性,保证接触线工作面平行于轨面连线。

(2)定位装置的结构及安装状态应保证定位点处接触线的弹性符合规定。当温度变化时,接触线能自由伸缩,使受电弓有良好的取流状态。

(3)定位器的形状和坡度应能保证电力机车受电弓安全通过,定位器应处于受拉状态,支持器安装方向要正确。

(4)定位环应沿线路方向垂直安装。定位管上定位环的安装位置距定位管根部不小于 40 mm。

(5)定位装置各部件之间应连接可靠,定位钩与定位环的铰接状态良好。

(6)定位器、管在平均温度时应垂直于线路中心线,温度变化时沿接触线纵向偏移应与接触线该点的伸缩相适应,允许偏差 10%,极限温度时,其偏移值最大应不超过定位器、管长度的 1/3。

(7)定位器应转动灵活,转换支柱处两定位器能自由转动,不得卡滞;非工作支接触线和工作支接触线定位器、管之间的间隙不小于 50 mm,螺栓紧固力矩符合设计要求。

(8)设计未明确时定位管均应保持水平,靠接触线侧的端部允许仰高不超过 30 mm。反定位器主管两侧拉线的长度和张力应相等,定位管卡子距定位环应保持 100～150 mm 的距离。

第二节 弹性吊索安装

1. 适用范围

适用于新建高速铁路接触网弹性吊索安装。

2. 工序流程

弹性吊索安装工序流程如图 11-2-1 所示。

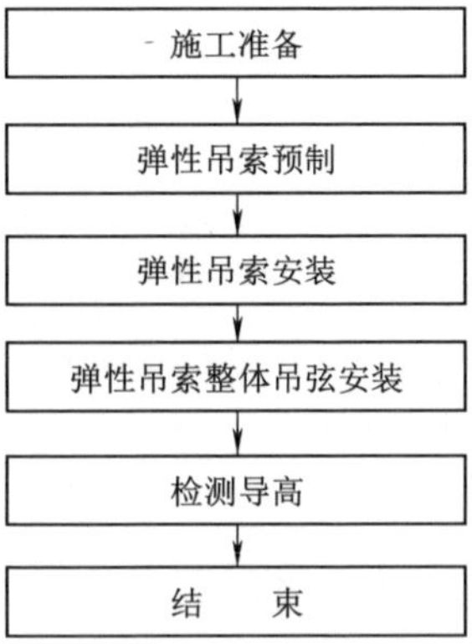

图 11-2-1 弹性吊索安装工序流程图

3. 施工技术标准

(1)安装前先检查腕臂偏移量符合设计要求,补偿坠砣符合额定张力,坠砣限制架应调整到位、活动灵活、无卡滞情况。经检查确认补偿装置功能正常、腕臂偏移正确后，方可安装弹性吊索。

(2)腕臂偏移值如有误差，应在安装弹性吊索的过程中进行复核，并调整腕臂偏移值，克服因承力索的蠕变周期较长带来的系统误差。

(3)弹性吊索安装应分别从中心锚结向两侧下锚方向开始，一个锚段只允许两个作业小组安装。

(4)弹性吊索截取长度要符合设计要求，一般跨距在 44～60 m 间的弹性吊索截取长度为 18.20 m。

(5)弹性吊索安装时从悬挂点平分，弹性吊索的中心位置标记与腕臂管中心对齐，施工允许偏差为 20 mm。弹性吊索长出 170 mm 的一端朝向下锚方向。

(6)弹性吊索设计张力为 2.8/3.5 kN，必须使用专用弹性吊索张力紧线器，将弹性吊索张力调整到设计值。

(7)弹性吊索线夹的螺栓穿向按由上向下，并且保证短螺栓在线路侧，长螺栓在田野侧。其紧固力矩为 23 N·m，防松止动垫片全部掰向螺母侧。

(8)下锚方向一端的弹性吊索线夹外露，以线夹外沿为基准外露 170 mm；中锚方向线夹外露，以线夹外沿为基准外露 30 mm。

(9)弹性吊索张力调整时，不得对接触悬挂附加其他外力。

(10)跨中第一吊弦与相邻弹性吊索吊弦的导线高度差必须小于 10 mm；弹性吊索吊弦与定位线夹导线高度宜相等，不得有“V”字形导高，施工误差不超过±5 mm。

(11)所有接触线和承力索线夹均须涂抹电力复合脂。

(12)弹性吊索安装示意如图 11-2-2 所示。

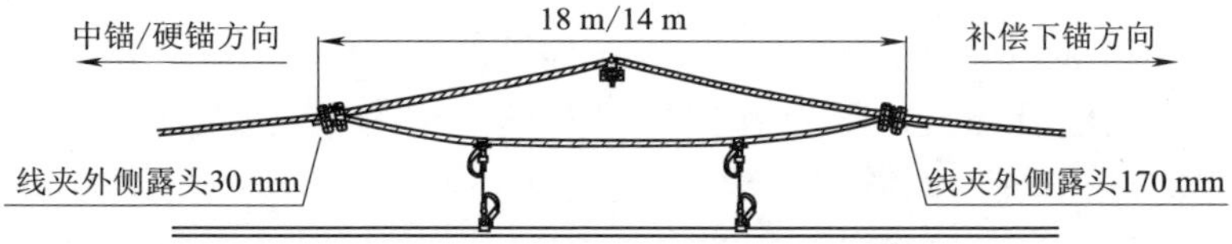

图 11-2-2　弹性吊索安装示意图

4. 操作要点

(1)施工准备

①承力索架设完成，承力索中心锚结已安装，可从中锚向下锚依次进行承力索归位和弹性吊索安装。

②接触线架设完成，接触线中心锚结、定位装置已安装，可与整体吊弦安装一并完成二次调整。弹性吊索二次安装或调整时，整体吊弦安装已完成或一并完成。

③提前向线路临管单位运输部门提报封闭要点施工计划。施工前应将作业车停放在作业区间的邻近车站。

④将安装材料及工具提前装在作业车上。

⑤事先向安装施工人员进行技术交底和培训,使其清楚安装步骤、技术标准和安全注意事项。

(2)弹性吊索预制(以 18 m 为例)(图 11-2-3)

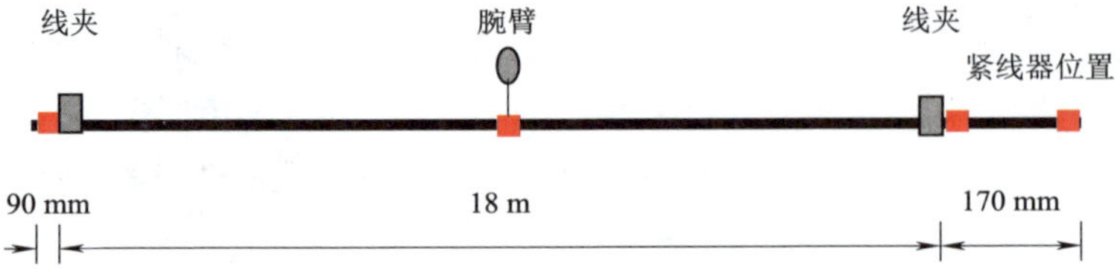

图 11-2-3　弹性吊索预制示意图

①在预配车间按 18 m+20 cm 截取弹性吊索绳,弹性吊索绳为 35 mm^2 青铜绞线。在弹性吊索绳总长的中间部位做上标记。

②端头及 170 mm 标记处用胶带绑扎。

③将预制好的弹性吊索盘好,入库。

(3)复查腕臂偏移和补偿装置

腕臂偏移复核后才能安装弹性吊索(一次偏移不到位,二次整改后需相应复核弹吊安装位置及张力),补偿坠砣符合额定张力要求,且补偿装置无卡滞。

(4)弹性吊索初安装

①作业车行至悬挂点处,升起作业架。展开弹性吊索,将 170 mm 标记一端朝向下锚侧,把中心标记临时用细铁线固定在腕臂中心(承力索座下方的斜拉线挂钩上),同时将用钢丝绳(ϕ4)自制的测量绳一端的小钩勾在斜拉线挂钩上。

②向中锚侧移动平台,同时展放弹性吊索,拉紧测量绳,在测量绳 9 m 或 7 m 位置停车,在承力索上做出标记。

③安装弹性吊索线夹,向上抽动短螺栓,露出线夹一侧,将线夹本体上夹板挂在承力索上,将短螺栓预紧,将弹性吊索端头插入中夹板和下夹板之间,预紧 4 个螺栓,安装后螺栓由上向下,短螺栓在线路侧,长螺栓在田野侧。

④调整中锚侧弹性吊索外露,以线夹外沿为基准外露 30 mm。采取交叉、循环方式,紧固弹性吊索线夹上的 4 个螺栓至 23 N·m 力矩,将止动垫片掰向螺栓六方平面上。

⑤移动平台向下锚方向展放弹性吊索,将临时固定在承力索底座上的铁线拆除,拉紧弹性吊索后安装弹性吊索线夹,将短螺栓预紧,将弹性吊索端头插入中夹

板和下夹板之间，露出 170 mm。

⑥将弹性吊索张力紧线器一端(小的)紧线器卡在弹性吊索上，另一端(大的)紧线器卡在承力索上，用力推动紧线器使张力紧线器尽量拉紧。

⑦摇动手扳葫芦，将张力紧至初安装张力 2.5 kN 时停止。调整下锚侧弹性吊索线夹位置于标记位置，以线夹外沿为基准，采取交叉、循环方式，紧固弹性吊索线夹上的 4 个螺栓至 23 N·m 力矩，止动垫片不掰。

⑧拆除张力紧线器，向下锚方向移动作业车或梯车。

⑨重复以上步骤安装下锚方向其余悬挂点处的弹性吊索。

(5)安装弹吊上的整体吊弦

①弹性吊索初安装完成后，与整体吊弦安装的同时将预制好的弹性吊索上的整体吊弦安装到位。

②弹性吊索的吊弦安装位置如图 11-2-4 所示，从悬挂点向两侧测量，误差小于 20 mm。

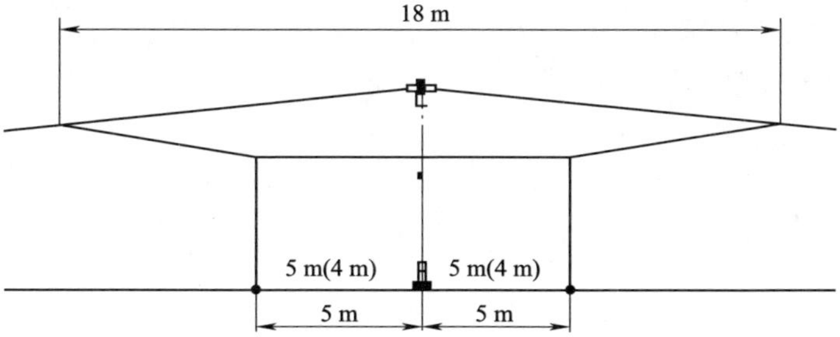

图 11-2-4　弹性吊索及吊弦安装位置示意图

③弹性吊索侧线夹与承力索吊弦线夹不同，在预配时应予以区分，安装方法及工艺标准见《整体吊弦安装施工作业指南》。

(6)调整弹性吊索张力及悬挂调整

①在安装弹性吊索吊弦之前，先在下锚方向加挂张力紧线器，紧线器用力后，松开弹性吊索线夹螺栓。

②在跨中吊弦及弹性吊索吊弦安装后，复核弹性吊索上的吊弦位置是否距定位点 5 m(如位置不对，吊弦点会不等高)，如不对需进行调整。

③复核定位点拉出值是否正确，施工误差为±20 mm，如超出范围需进行调整。

④用塞棒复核定位器限位间隙，如折角型定位器限位间隙过小或过大，调整定位器座上顶丝来满足间隙要求，定位器坡度过小时需移动；如直角型定位器限位间隙过小或过大，通过调整定位管抬头低头来满足定位限位间隙，正定位管不得低头，反定位管不得抬头。

⑤返回弹性吊索下锚侧，检查张力紧线器张力是否达到额定张力 2.8/

3.5 kN，同时用接触网激光测量仪检查接触线高度，两个弹性吊索吊弦悬挂点与定位悬挂点接触线高度为等高，相对该定位点的接触线高度为±5 mm，但不得有"V"字形存在。

⑥跨中第一吊弦与相邻弹性吊索吊弦的高度差必须小于 10 mm，一般小于 5 mm。检查定位器限位间隙及定位器坡度，对不符合设计标准的进行调整。

⑦在完成 2 组以上弹性吊索调整及两跨以上整体吊弦后，检测跨中接触线有无负弛度和正弛度现象，通过增减弹吊张力或更换整体吊弦调整。相邻吊弦处接触线高差不应大于 5 mm。相邻定位点处接触线高差不大于 10 mm，接触线高度符合标准，误差为±20 mm。

⑧当弹性吊索张力调整达标至 2.8/3.5 kN，误差在±50 N 范围。靠近中锚侧跨中和悬挂点处接触线高度经测量符合要求，各悬挂点接触线高度调整至误差范围之内。

⑨将下锚方向弹吊线夹紧固至 23 N·m 力矩值，并将防松止动垫片掰向螺母六方侧平面上。

⑩拆除弹性吊索张力紧线器，向下锚方向移动作业车或梯车。

⑪重复以上步骤，依次调整下锚方向其余悬挂点。

(7)结束

当天任务完成后，收回工具、材料，放倒作业凳，降下作业平台，作业车在封闭点内返回停车站，施工负责人填写施工记录表。

第三节　整体吊弦安装

1. 适用范围

适用于新建高速铁路接触网柔性整体吊弦测量、预制、安装。

2. 工序流程

整体吊弦安装工序流程如图 11-3-1 所示。

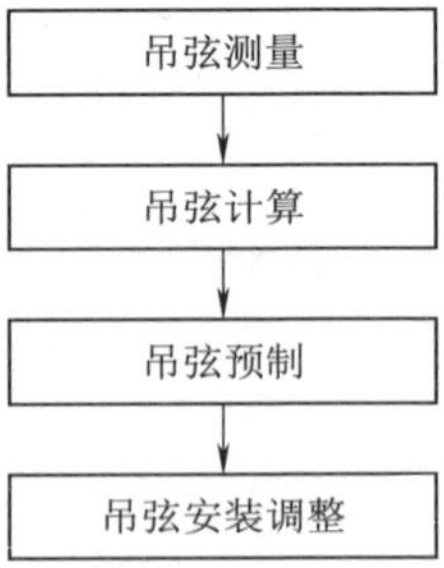

图 11-3-1　整体吊弦安装工序流程图

3. 施工技术标准

(1)吊弦线不得有断股、交叉、折叠、硬弯、散股等缺陷，不得有腐蚀现象，截面尺寸应符合设计要求。吊弦线夹尺寸符合设计要求，零件本体表面光滑、无毛刺、无开裂，螺栓无"咬死"现象。

(2)整体吊弦预制长度偏差不应大于 1.5 mm。

(3)吊弦安装位置应符合设计要求,允许偏差不得超过±50 mm。平均温度时整体吊弦顺线路方向垂直安装,温度变化时吊弦顺线路方向的偏移量:当承力索、接触线采用不同材质时,偏移量应符合设计要求,当承力索、接触线采用同一材质时,在任何温度下均垂直安装,施工允许偏差为±20 mm。直线区段吊弦线夹应端正、牢固,曲线区段吊弦线夹应垂直于接触线工作面。任何情况下吊弦任何部件不得低于接触线工作面。

(4)整体吊弦的载流环应固定在吊弦线夹的螺栓外侧(即不应固定在螺母侧)。承力索吊弦线夹与接触线吊弦线夹的螺栓安装方向相反。承力索吊弦线夹载流环朝向与行车方向相反,接触线吊弦线夹载流环朝向与行车方向一致。吊弦导流环与接触线夹角 $45° \leqslant \alpha \leqslant 60°$,禁止导流环线与吊弦本线相磨。

(5)接触线吊弦线夹垂直于接触线工作面;曲线区段接触线吊弦线夹螺栓由低轨侧穿向高轨侧。

(6)车站股道内吊弦安装时应使各股道吊弦对齐安装。

(7)悬挂点处接触线距轨面水平连线高度应符合设计要求,施工允许偏差为±30 mm。定位点两侧第一吊弦处接触线高度应等高,施工允许偏差为:相对该定位点的接触线高度为±10 mm,但不得出现"V"字形。

①弹性链型悬挂一个跨距内任意两个相邻吊弦处的接触线高差不得大于 10 mm。

②简单链型悬挂区段接触线预留弛度应符合设计要求,施工偏差不得大于 5 mm。

③接触线中心锚结线夹处接触线的高度与相邻吊弦处的接触线高度应相等,施工偏差为 0～5 mm。

④两相邻悬挂点接触线高度应相等,施工偏差为:时速 200 km 区段不得大于 20 mm,时速 250 km、350 km 区段不得大于 10 mm。

(8)接触线工作支悬挂点的高度发生变化时,时速 160 km 区段坡度不宜大于 2‰;确有困难时,不宜大于 4‰;时速 200～250 km 区段坡度应不大于 1‰,坡度变化率应不大于 0.5‰;时速 300 km 以上坡度为 0。

(9)压接后吊弦的拉断力和滑动荷载应符合设计要求。

(10)吊弦线夹与承力索、接触线间的接触面应涂电力复合脂,线夹螺栓的紧固力矩符合设计要求。

4. 操作要点

(1)吊弦测量

吊弦测量应逐锚段进行。测量的主要项目有跨距测量、悬挂点高度测量。

跨距测量:使用钢卷尺测量每跨承力索悬挂点的距离,要求记录详细,测量精确到厘米。

承力索悬挂点高度测量:利用激光测量仪测量出承力索悬挂点距设计轨面高度,测量数据精确到毫米。

(2)吊弦计算

根据测量的数据计算整体吊弦的预制长度及安装位置,计算采用成熟的计算软件,软件应考虑预留弛度及因竖曲线引起的预留弛度增减量因素。软件的输入数据为:跨距、承力索悬挂点的高度、偏移、悬挂重量参数、张力参数、线路参数等。输出数据应至少为:吊弦位置(吊弦距左侧定位点的距离或吊弦间距)、吊弦长度(承-导线间距离)、吊弦下料长度、吊弦两鸡心环的间距。

吊弦必须经过现场的试装,合格后方能批量计算。

(3)吊弦预制

①施工准备:从计算人员处领取预制计算单,依据计算单领取当日加工材料并对其进行外观检查,检查制作工具及检测工具。

②吊弦压接:

从线盘拉出适当长度的吊弦线,将线头散股部分用弧形断线钳剪掉。将吊弦线穿入钳压管,再将线头回头从钳压管穿出,在吊弦线回头内套入吊线护套环。将穿入钳压管与镶入吊线护套环的线头一端拉紧,同时用力将钳压管上推,使吊弦线与吊线护套环圆弧密贴,回头线从吊线护套环中心到线头为 300 mm,将压接好的吊弦鸡心环端固定在吊弦加工平台的钢筋柱上,另一头挂在滑动的柱上拉直,并调整到吊弦预制尺寸位置,用记号笔在吊弦线上做标记,留出 480 mm 回头,在断线两端缠一圈绑扎胶带,剪断吊弦线。穿另一个钳压管,安装鸡心环将鸡心环中顶部中心与标记对齐,在加工平台调整复核吊弦长度达误差范围内,用力将钳压管上推,使吊弦线与吊线护套环圆弧密贴,将调整螺栓紧固到位。将连接线夹(线鼻子)套入线头内,将另一段吊弦线作为并线插入连接线夹,插入长度不应小于30 mm。采用上述压接钳压管,压接好连接线夹后,裁剪并线,保证并线在连接线夹外露长度为 15 mm。

在成批预制时,应按批次进行拉力试验(每三根为一组),试验前先做好标记,当拉力达到上述要求时,仔细检测是否滑动和位移,如无,可视为合格,但应保证一组均合格。拉力试验应由国家法定计量单位认证的单位进行,试验报告妥善保管,竣工时作为竣工资料移交运营接管单位。

③复核检查:对压接好的成品整体吊弦在作业平台上应进行全长复测,总长度超过±1.5 mm,视为不合格,应重新加工。复核检查应由专人全检。

④粘贴标签：将吊弦顺号标签绑扎在钳压管上。标签应写明区间、锚段号、支柱号、第几根、吊弦长度，便于现场施工时核对。

⑤成品打包：一跨吊弦扎为一捆，扎时应理顺，用 ϕ1.6 铁线最少两道（两头）。一个锚段扎一大捆，装在编织袋中，在编织袋上写明区间、锚段及支柱号。

⑥填写记录：预制人员填写预制记录表。

(4)吊弦安装调整

①吊弦位置测量：吊弦位置的测量应采用吊弦间距测量仪或钢尺，从悬挂点向跨中测量，其偏差应在跨中调整，安装位置应与计算结果一致，符合设计要求。

②吊弦安装：吊弦的安装一般采用作业车或梯车进行。安装时首先应在承力索、导线安装位置涂导电膏，将导线吊弦线夹卡在导线凹槽里上紧，承力索吊弦线夹需要拆开方能安装在承力索上，注意吊弦线夹螺栓穿入时应先穿线鼻子。调整好吊弦位置使吊弦垂直，安装 U 型卡钉。卡钉从承力索吊弦线夹的来车方向穿入。载流环应分别位于主线的两侧。

吊弦螺栓的紧固应使用扭矩扳手，紧固力矩符合设计要求。紧固达标后将锁片按规定锁好。锁片的长片与线夹本体卡死，两短片与螺母卡死。

吊弦安装后检查导线线面，如不正需采用扭面器校正。

第四节　锚段关节(含电分相)调整

1. 适用范围

适用于新建高速电气化铁路接触网绝缘关节、非绝缘关节调整。

2. 工序流程

五跨非绝缘锚段关节调整流程如图 11-4-1 所示。

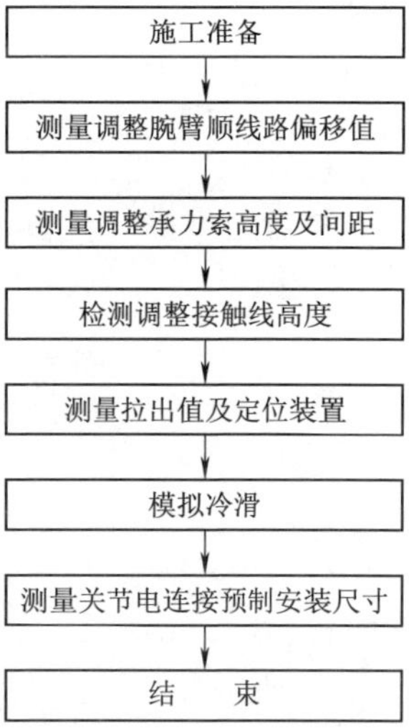

图 11-4-1　五跨非绝缘锚段关节调整流程图

3. 施工技术标准

(1)锚段关节调整应检查承力索水平位置及高度、非工作支承力索与工作支腕臂连接零件的距离符合设计要求。

(2)锚段关节调整时，接触线应无外加力。

(3)典型锚段关节示意如图 11-4-2、图 11-4-3 所示。

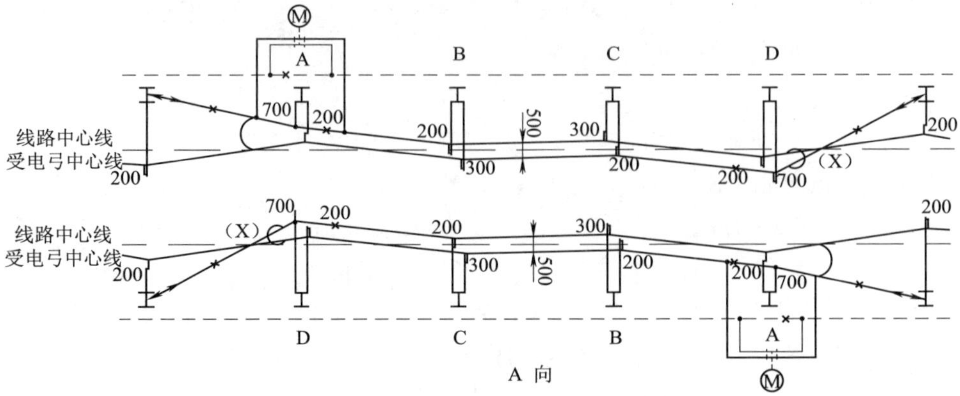

图 11-4-2 5 跨绝缘关节平面布置示意图(单位:mm)

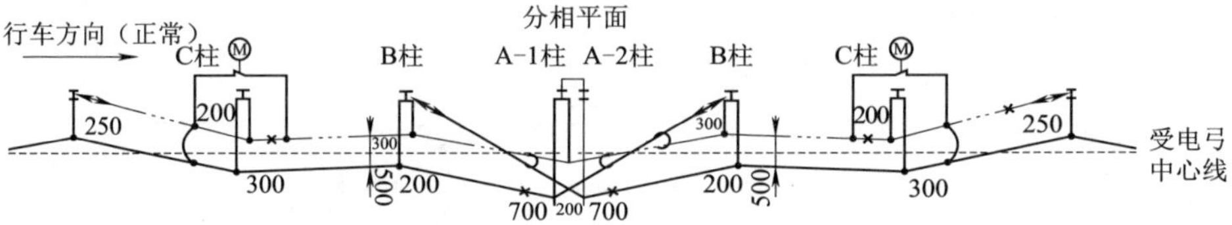

图 11-4-3 6 跨关节式分相平面布置示意图(单位:mm)

(4)锚段关节调整施工工艺质量控制要点包括：

①腕臂随温度变化顺线路偏移量应符合设计要求，允许偏差为±20 mm，参考图 11-4-4。

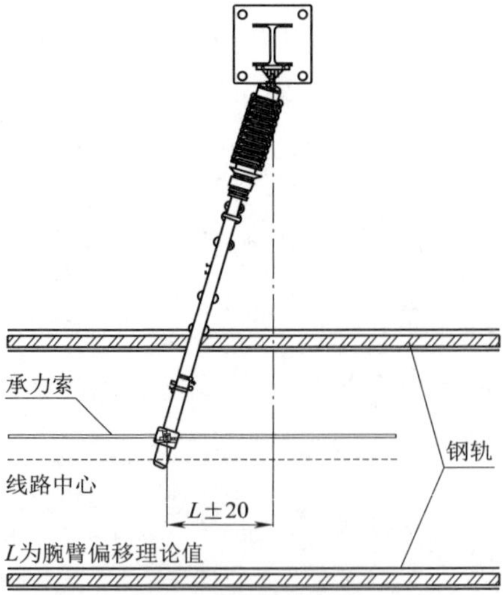

图 11-4-4 腕臂偏移示意图(单位:mm)

②悬挂点承力索距轨面的高度应符合设计要求，允许偏差为±50 mm，参考图 11-4-5。

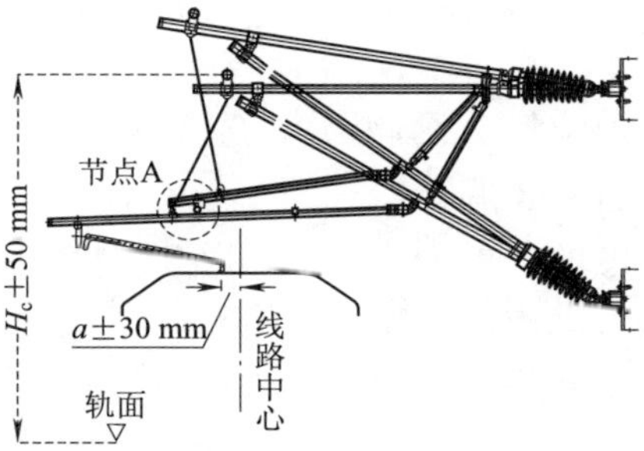

图 11-4-5　悬挂点承力索距轨面高度示意图

③转换柱处两接触线等高处应符合设计要求，允许偏差为±10 mm，参考图 11-4-6。

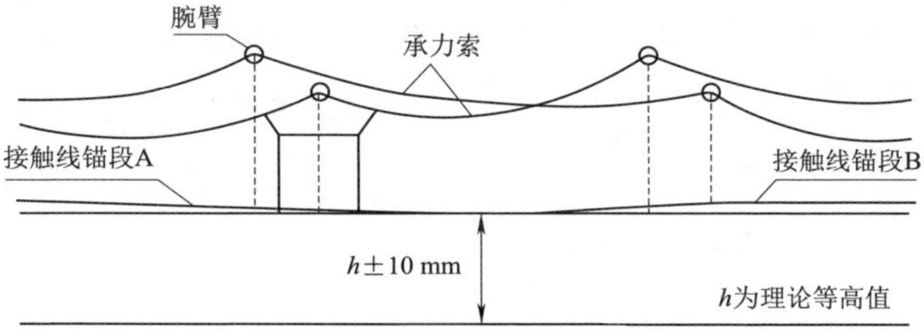

图 11-4-6　转换柱两接触线等高示意图

④当非工作支接触线位于定位管上方时，其间隙应大于 50 mm，参考图 11-4-7。

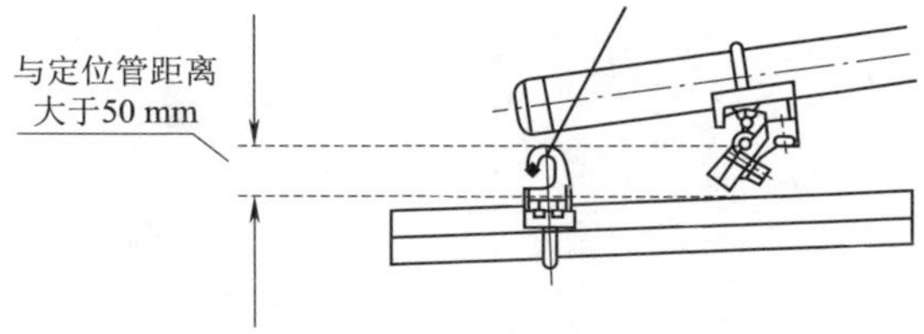

图 11-4-7　非工作支与定位管间隙示意图

⑤分相绝缘锚段关节中性段长度应符合设计要求，施工允许偏差为 0～500 mm。

⑥锚段关节电分相三腕臂转换柱非支绝缘子带电侧距另一非支水平距离不小于 500 mm。

4. 操作要点

(1)上、下行两定位管间的绝缘距离不应小于 2 000 mm,困难时不应小于 1 600 mm。

(2)腕臂顺线路偏移值应符合设计要求,施工允许偏差为±50 mm(注意双腕臂的偏移值方向是相反的,不要调错)。

(3)悬挂点接触线高度的误差为±20 mm,结构高度的误差为±100 mm(如有误差时,两支悬挂的误差方向应相同)。

(4)悬挂点承力索与接触线应在同一垂直面上,施工允许偏差为 20 mm。

(5)一般情况下,拉出值应符合设计要求,施工允许偏差为±30 mm。

(6)转换柱处当非工作支接触线位于工作支定位管上方时,其间隙不应小于 50 mm。

(7)限位定位器的间隙应符合设计要求,施工允许偏差为±1 mm。

(8)五跨锚段关节两接触线垂直面交叉处(屋脊处)的位置应符合设计要求,等高点(屋脊处)的导高应符合设计要求,施工允许偏差为±10 mm。等高点相对于两侧定位点抬高 30～50 mm,以 5 300 mm 导高为例,示意图如图 11-4-8 所示。

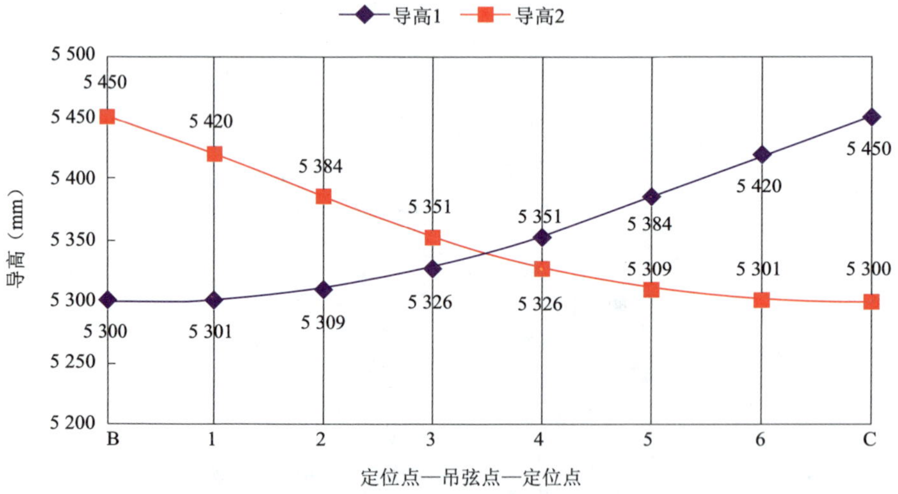

图 11-4-8 五跨锚段关节等高点调整示意图

(9)模拟冷滑。全部完成后,用带受电弓的作业车升弓,以 40 km/h 车速对关节进行来回两次模拟冷滑检测,如有缺陷,立即克服。

第五节　线岔安装调整

1. 适用范围

适用于高速铁路接触网道岔的安装及调整。

2. 工序流程

接触网道岔安装及调整工序流程如图 11-5-1 所示。

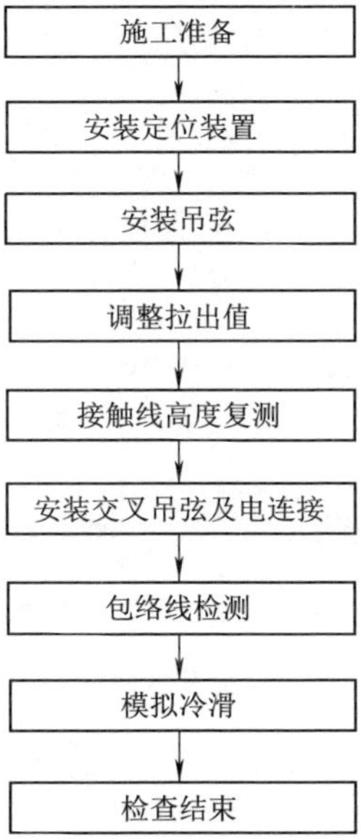

图 11-5-1　接触网道岔安装及调整工序流程图

3. 施工技术标准

(1)腕臂偏移允许偏差为±20 mm,两支承力索垂直间隙不小于 60 mm。

(2)岔区道岔柱拉出值符合设计要求,无交叉道岔布置方式如图 11-5-2 所示。定位柱(A)在距岔心不小于 25 m 即道岔开口不小于 1 320 mm 处,接触线拉出值:正线 150 mm,渡线 150 mm;相邻支柱(B)与岔心距离在 10～15 m 之间可调,接触线拉出值:正线 400 mm,渡线一般为 1 100 mm(可调);支柱(C)满足相邻跨距差和抬高要求,接触线拉出值:正线 200 mm,渡线一般为 800 mm。

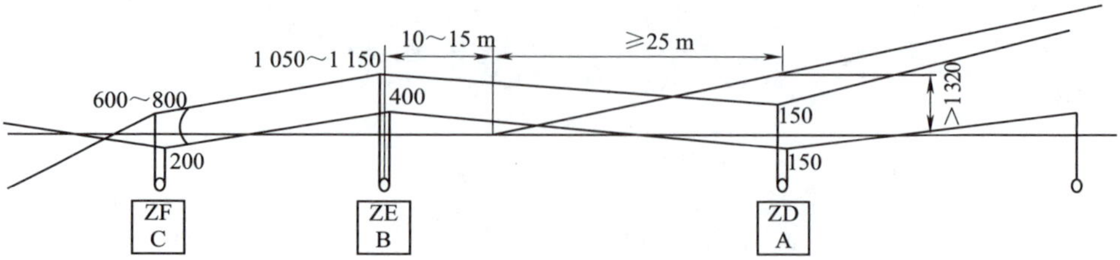

图 11-5-2 无交叉道岔布置示意图(单位:mm)

(3)吊弦安装位置应符合计算软件要求,施工允许偏差为±50 mm。吊弦应垂直安装,施工允许偏差为±20 mm。吊弦线应顺直,不得有弯曲现象。

(4)在线间距 550～600 mm(正线线路中心至侧线线路中心)范围内安装侧线承力索与正线接触线间的交叉吊弦,向岔尖方向 2 m 安装正线承力索与侧线接触线间的交叉吊弦。受电弓从道岔开口方向驶向岔尖方向时,应首先接触到侧线承力索和正线接触线间的交叉吊弦。交叉吊弦处侧线接触线相对于正线接触线抬高 60～80 mm,如图 11-5-3 所示。

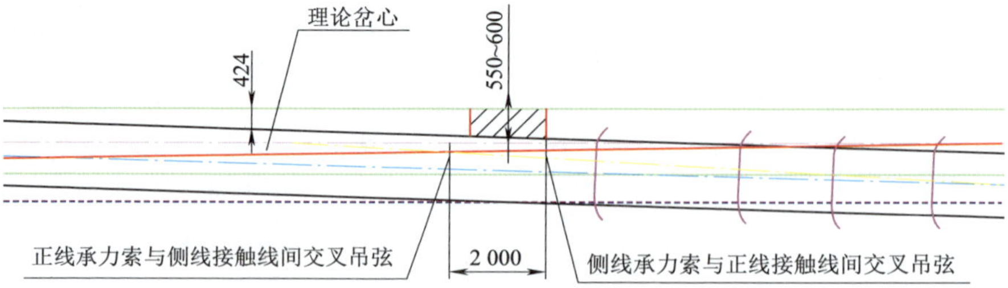

图 11-5-3 交叉吊弦位置示意图(单位:mm)

(5)设计有交叉吊弦安装时,两接触线吊弦线夹螺栓应分别向外穿(即螺栓帽相对),吊弦导流弧安装在螺母侧。接触线导流弧背向来车方向,防止螺栓及导流弧偏斜后打弓。

(6)受电弓从侧线道岔开口侧驶向正线方向时,正线接触线距侧线线路中心 600～1 050 mm 区域为始触区范围,在该区域内不得安装除吊弦线夹以外的其他任何线夹。

(7)A 柱处,侧线接触线相对于正线接触线抬高 20 mm;B 柱处,侧线接触线相对于正线接触线抬高 120 mm;C 柱处,侧线接触线相对于正线接触线抬高 500 mm。

(8)每处道岔均安装两组电连接,安装在 B 柱与 C 柱间,距 C 柱工作支接触网第二根吊弦(含弹吊内吊弦)外侧 500 mm 处。

(9)电连接线应顺直、无散股,连接应牢固,电连接线长度要留有温度变化伸缩量。

(10)定位器抬升量应符合设计要求,并用包络线检查尺进行检查,保证支持装置各部位均在包络线以外。

(11)模拟冷滑沿正线和侧线正反方向在岔区范围内各滑两遍,正线通过时,受电弓不应接触侧线接触线,进出侧线应转换平稳,不得有硬点及脱钻弓现象。

(12)各螺栓紧固力矩符合设计及厂家提供的《产品安装使用手册》要求。

(13)双线电气化区段,上、下行接触网带电体间距离,正常情况下不应小于2 000 mm,困难时不应小于1 600 mm。

4. 操作要点

(1)线岔安装、调整的整个过程应遵循技术标准的规定,并适时进行质量过程控制。

(2)作业过程严禁踩踏接触线或给接触线施加外力,以保证接触线的平直度和良好的弓网受流质量。

(3)岔区 A、B、C 柱拉出值及渡线接触线抬高量符合设计要求。

(4)岔区范围内任何接触网零部件不得侵入正线受电弓动态包络线范围内。

(5)道岔电连接安装位置及数量符合设计要求,偏差不大于±500 mm。

(6)道岔调整后,应对岔区接触网进行模拟冷滑,确保无打弓及钻弓现象。

(7)岔区腕臂偏移符合设计要求,并能满足在极限温度下道岔柱两腕臂的偏移要求。

(8)根据图纸检查进场材料零部件是否齐全;检查零件是否有影响使用的质量缺陷或变形,紧固件之间的配合是否灵活。应有零件合格证及相关检验合格报告,检验方法和检验数量应符合设计要求。

第六节　电连接安装

1. 适用范围

适用于新建高速铁路接触网电连接测量、预制、安装。

2. 工序流程

电连接安装工序流程如图 11-6-1 所示。

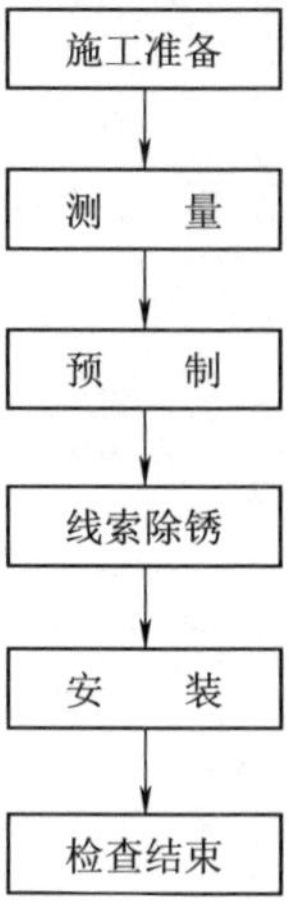

图 11-6-1　电连接安装工序流程图

3. 施工技术标准

(1)电连接安装示意如图 11-6-2 所示。

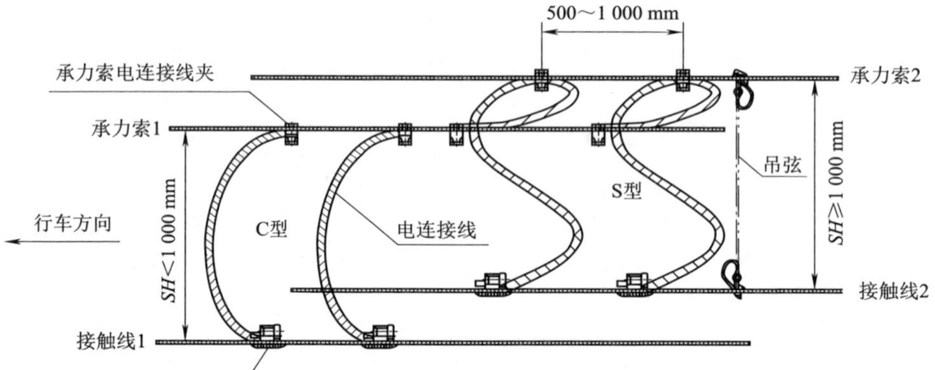

图 11-6-2　电连接安装示意图

(2)线夹应采用专用压接机及模具压接，压接模具应与压接线夹配套，液压泵和电动液压钳的压接力应符合产品技术要求。

(3)电连接线预制长度，应预留线索温度偏移值。

(4)电连接线夹压接示意如图 11-6-3、图 11-6-4 所示。

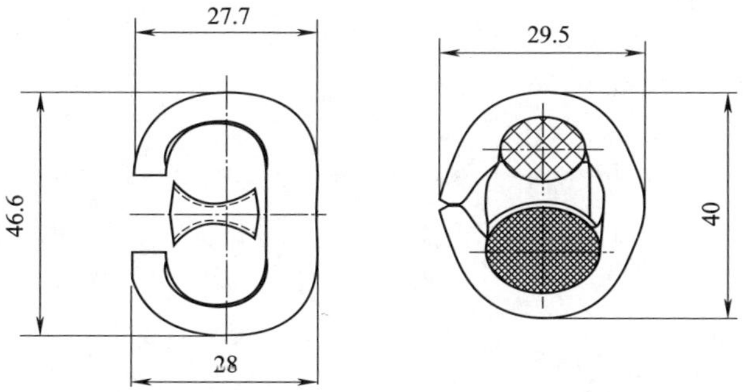

(a) 压接前　(b) 压接后

图 11-6-3　承力索电连接压接示意图(单位:mm)

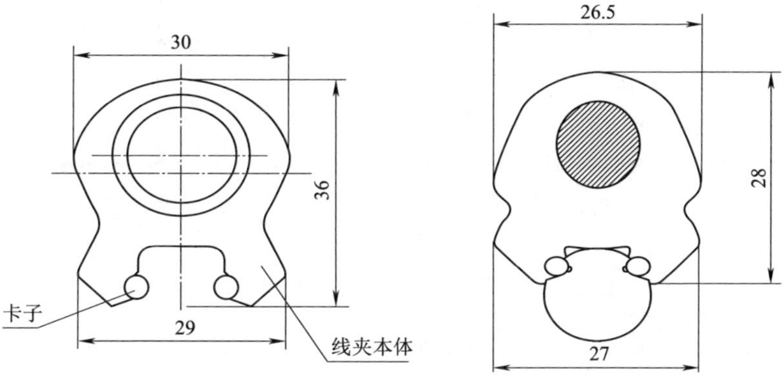

(a) 压接前　(b) 压接后

图 11-6-4　接触线电连接压接示意图(单位:mm)

(5)电连接线夹安装完成后,应使用专用卡具检查电连接的外形轮廓尺寸。电连接安装施工工艺质量控制要点包括:

①电连接弧形方向与行车方向一致。

②电连接线夹螺纹卡子开口端应外露线夹本体 1～3 mm。

③采用直流电阻测试仪测试接触电阻,电阻值应不大于同等长度被连接线索的电阻值。

④电连接处接触线高度应等于最近吊弦处的接触线高度,施工允许偏差为 0～5 mm。

⑤电连接安装位置的施工允许偏差为±50 mm。

⑥道岔电连接应安装在始触区以外。

(6)电连接安装位置应符合设计要求,偏差不大于±500 mm。各种电连接线在任何情况下均应满足带电距离要求,且不应侵入受电弓动态包络线。

(7)横向电连接安装在距悬挂点第一根吊弦外侧 500 mm 处，电连接长度为 $h+330+180$(mm)，示意如图 11-6-5 所示。

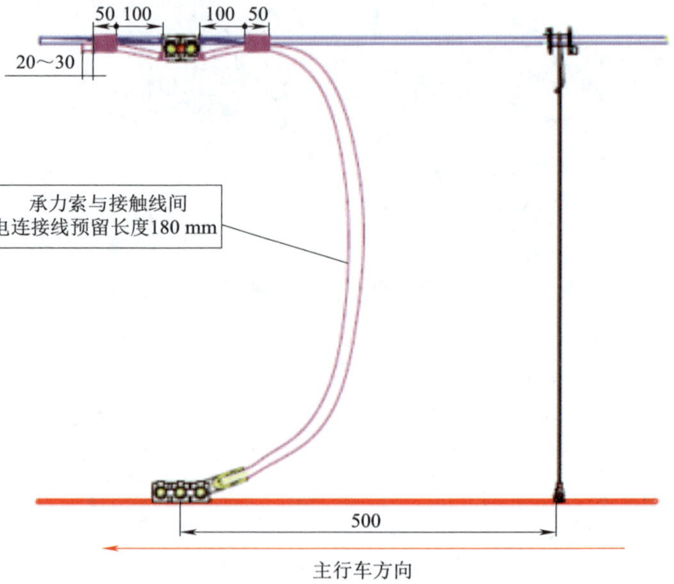

图 11-6-5 横向电连接示意图(单位:mm)

(8)关节及道岔双电连接安装示意图如图 11-6-6 所示。当为单电连接时，取消一组即可。

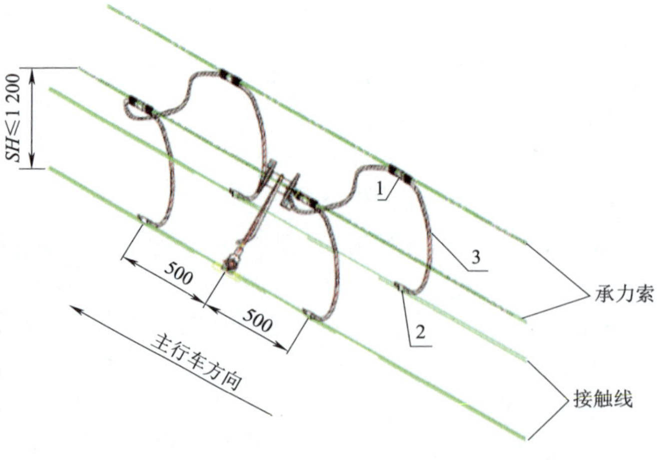

图 11-6-6 关节及道岔双电连接示意图(单位:mm)

1—承力索线夹；2—接触线线夹；3—电连接线

(9)安装前必须对线索安装部位反复清理,除去油污和氧化层,并涂导电膏。

(10)各种电连接安装时均应考虑两支接触悬挂在温度变化时的偏移量。

4. 操作要点

(1)施工准备

①根据施工计划领取电连接线夹和电连接线,并对外观质量及规格型号进行检查,核对无误后,方可带到施工现场。

②提前向线路临管单位运输部门提报封闭要点施工计划。若使用作业车安装,施工前应将作业车停放在需作业区间的邻近车站。

③若使用作业车安装,施工作业人员在施工当天封闭点前 20 min 到达车站,并上车做好准备。

(2)电连接线长度测量

①作业人员根据设计资料要求测量电连接线夹安装位置,并用记号笔在线索上做好标记。

②同一接触悬挂的承力索和接触线电连接线夹应在同一垂面上,测量时用线坠将承力索和接触线电连接线夹安装标记对齐。

③测量安装电连接处两承力索间距 C,并计算两承力索间电连接线预留长度 A。如图 11-6-7 所示,S_{max}为极限温度下两承力索的最大偏移量,T_{max}为最高温度。偏移量的计算如式(11-1):

$$S=(d_1+d_2)\times17\times10^{-6}\times(T-T_p)\times1\ 000 \tag{11-1}$$

式中　17×10^{-6}——铜温胀系数(1/℃);

d_1——一支接触悬挂安装电连接位置至中心锚结距离(m);

d_2——另一支接触悬挂安装电连接位置至中心锚结距离(m);

T_p——平均温度(℃)。

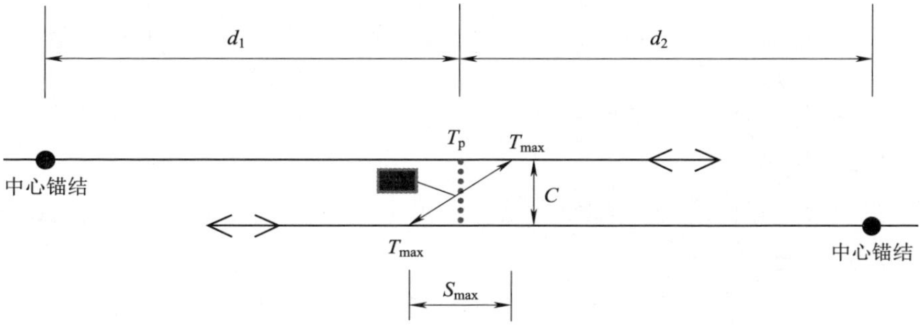

图 11-6-7　电连接测量示意图

④测量安装电连接处工作支结构高度 h_1，非工作支结构高度 h_2。

⑤计算电连接线长度，如式(11-2)：

$$L=(h_1+K_1)+(h_2+K_2)+(A+150)+b\times 2 \tag{11-2}$$

式中 h_1——一支接触悬挂安装电连接处结构高度(mm)；

K_1——一支接触悬挂承、导间电连接线预留长度(mm)，一般取值 180 mm；

h_2——另一支接触悬挂安装电连接处结构高度(mm)；

K_2——另一支接触悬挂承、导间电连接线预留长度(mm)，一般取值 180 mm；

A——极限温度下安装电连接处两承力索最大偏移量(mm)；

b——一支接触悬挂绑扎线、电连接线夹等所占电连接线长度(mm)，如图 11-6-8 所示。

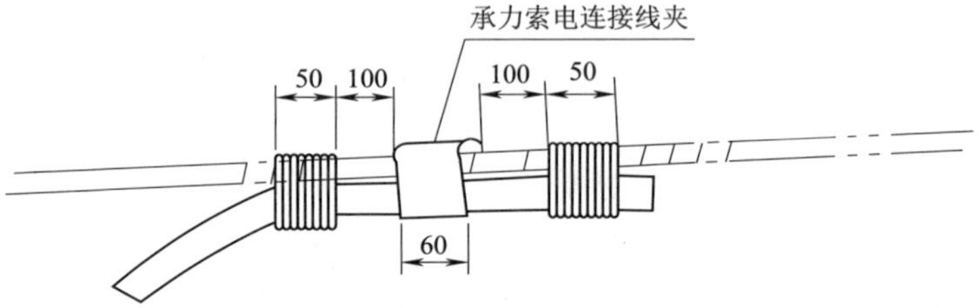

图 11-6-8 电连接绑扎示意图(单位：mm)

(3)电连接预制并压接接触线电连接线夹

①根据现场测量及计算长度，用钢卷尺测量电连接线长度，并标记断线位置，在标记两侧将电连接线用胶带缠绕，防止断线时电连接线散股，用弧形断线钳将电连接线在标记位置处剪断。

②在电连接线两头分别压接接触线电连接线夹。压接时，在电连接线端部 50 mm 处用记号笔做出标记，将线头端部穿入线夹本体压接孔内直到底部，穿入前必须在线夹本体与电连接线之间涂抹导电膏，用电动液压工具进行压接，压接长度不小于 50 mm，压接次数不大于 2 次。压接完成后进行检验，如偏差超标，可用压接模具进行复压。

③接触线电连接线夹压接由工厂完成。

(4)线索除锈

①将安装位置标记处承力索、接触线氧化层用砂纸或钢丝刷进行打磨处理，并用棉纱擦拭干净。

②承力索为绞线，为保证承力索与电连接线夹压接部分除锈充分，压接前用砂纸将承力索表面氧化层除掉后，再用细钢丝刷将承力索绞线沟槽内氧化层除掉，并将碎屑清理干净。

③接触线沟槽内氧化层应进行彻底清理，并将碎屑清理干净。

(5)关节电连接安装

①确认电连接线夹型号无误，配件齐全且完好无损。

②确认电连接线夹在两支接触悬挂上安装的相对位置(同一接触悬挂，承力索电连接线夹与接触线电连接线夹应对齐)，首先确定工作支接触悬挂电连接安装位置，再根据安装时温度确定两接触悬挂电连接安装位置的偏移值 S，并做好标记。S 值按下式计算：

$$S=17\times10^{-6}\times(T-T_p)\times(d_1+d_2)\times1\,000 \tag{11-3}$$

式中 17×10^{-6}——铜温胀系数(1/℃)；

T——安装电连接时温度(℃)；

T_p——平均温度(℃)；

d_1——一支接触悬挂安装电连接位置至中心锚结距离(m)；

d_2——另一支接触悬挂安装电连接位置至中心锚结距离(m)。

③安装前在电连接线夹及线索与线夹接触部位均匀涂抹导电膏。

④安装承力索电连接线夹。具体操作方法：松开紧固螺栓，将线夹卡在承力索上。将电连接线穿过线夹另一圆弧槽，预紧螺栓，调整线夹于垂直位置后进行紧固，并锁好止动垫片。

⑤安装接触线电连接线夹。具体操作方法：松开电连接线夹上的紧固螺栓，将线夹牙型嵌入接触线沟槽并摆正，用手预紧螺栓，再用扭矩扳手进行紧固，锁紧备母后锁好止动垫片。

⑥安装完成后，将电连接线与承力索进行绑扎。绑扎线使用单股电连接本线，绑扎线缠绕时，从靠近承力索线夹侧开始。

(6)隔离开关电连接引线安装

隔离开关电连接引线安装如图 11-6-9 所示，隔离开关中心锚结侧电连接引线长度 L_1 由最低温度时确定，应保证在最低温度时，接触网向中心锚结偏移到最大值时，开关引线有一定弛度；隔离开关补偿下锚侧电连接引线长度 L_2 由最高温度时确定，应保证在最高温度时，接触网向下锚侧偏移到最大值时，开关引线有一定弛度，以保证开关引线或开关接线端子不被拉坏。施工方法如下：

①隔离开关中心锚结侧电连接引线安装

a. 首先确定开关引线承力索电连接线夹在承力索上的安装位置，并做标记。

b. 计算该标记在最低温度时的偏移值 S，并做标记。

c. 将开关引线拉至最低温度时安装位置标记，并将引线预留弛度(约 150 mm)，然后在引线上做出标记。

d. 将引线标记与承力索上标记对齐并安装。

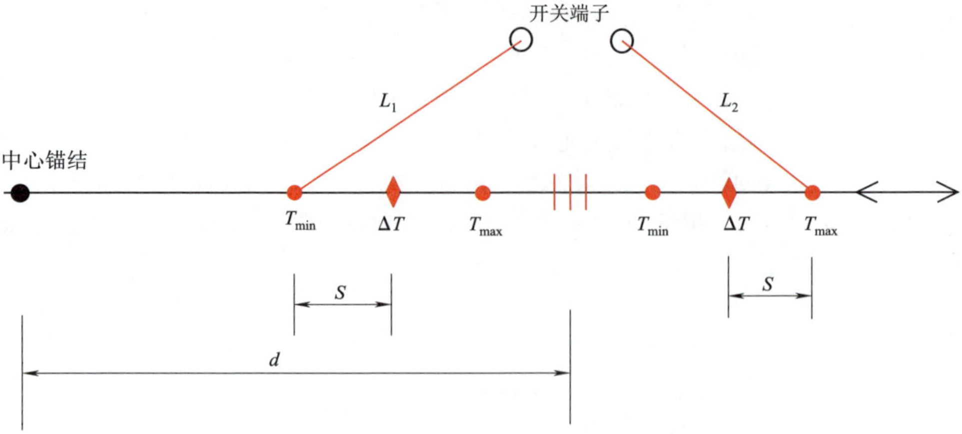

图 11-6-9　隔离开关电连接引线安装位置图

②隔离开关补偿下锚侧电连接引线安装

a. 首先确定开关引线承力索电连接线夹在承力索上的安装位置，并做标记。

b. 计算该标记在最高温度时的偏移值 S，并做标记。

c. 将开关引线拉至最高温度时安装位置标记，并将引线预留弛度（约 150 mm），然后在引线上做出标记。

d. 将引线标记与承力索上标记对齐并安装。

(7)检查结束

①检查电连接线夹安装是否牢靠，承力索电连接线夹安装是否正确。

②检查接触线电连接线夹牙型是否卡在接触线沟槽内。

③收回工具、材料，施工现场做到人走场净。

④施工负责人填写施工记录表。

第十二章　设备安装

第一节　分段绝缘器安装

1. 适用范围

适用于新建高速铁路同相交流接触网渡线上的分段绝缘器，以及接触网系统其他绝缘处分段绝缘器的安装调整。

2. 工序流程

分段绝缘器安装工序流程如图 12-1-1 所示。

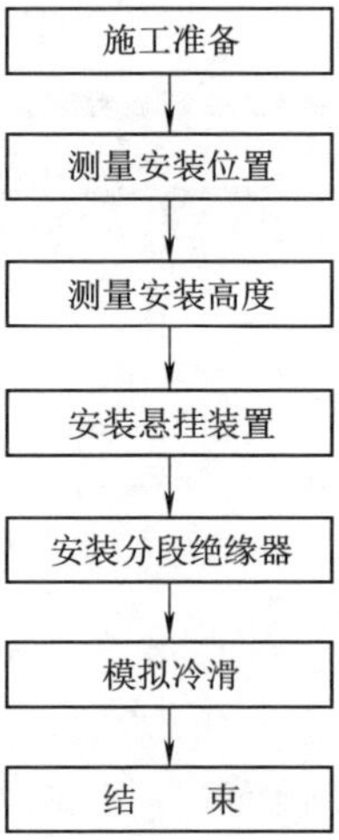

图 12-1-1　分段绝缘器安装工序流程图

3. 施工技术标准

(1)按设计行车速度确定受电弓抬升力。
(2)安装时使用弹簧秤模拟抬升力，如图 12-1-2 所示。

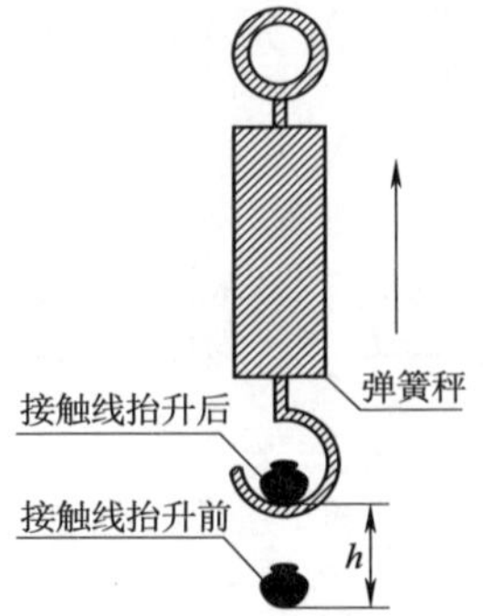

图 12-1-2 弹簧秤抬升接触线示意图

(3)安装后使用带模拟受电弓装置进行检测。

(4)安装后两端接触线应平直。

(5)安装高度允许偏差为±5 mm,如图 12-1-3 所示。

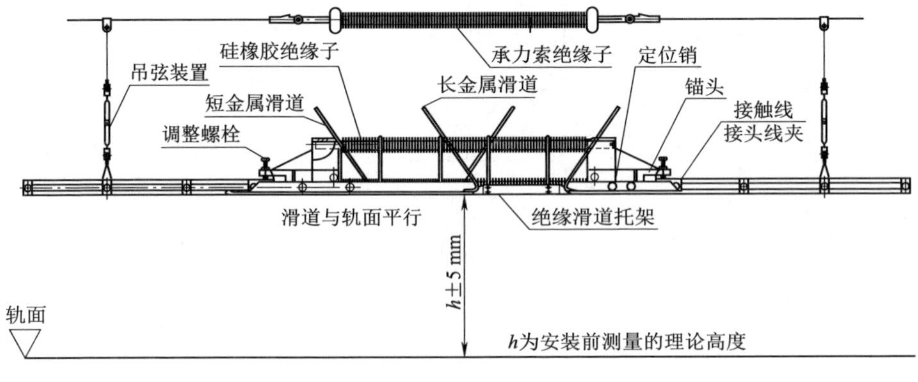

图 12-1-3 分段绝缘器安装示意图

(6)分段绝缘器中心与受电弓中心重合,与承力索中心位置的偏差不大于 20 mm。

(7)受电弓与分段绝缘器的接触面,应与轨面平行。

(8)承力索、接触线应位于线路轨平面中心垂直位置,施工允许偏差为±100 mm。

4. 操作要点

(1)利用激光接触线参数测量仪找出接触线拉出值为"0"的位置,并在接触线上做标记,确认该点为分段绝缘器中心。同时确认承力索与接触线在一个垂面上,如果不在,应调整分段绝缘器相邻两个定位点的承力索与接触线的拉出值。

(2)利用线坠将接触线上的分段绝缘器中心点垂直投影到承力索上并做标记，该点为承力索绝缘棒中心点。

(3)安装承力索绝缘棒，穿入销钉、开口销，并将开口销掰开不小于 120°，开口销两支腿均要掰开。

(4)确保分段接触线终端线夹安装牢固后剪断接触线，预留接头 120 mm，用煨弯器使接触线向上弯曲 30°～45°。若高速铁路分段处接触线为 150 mm^2 时，则接触线不煨弯，断线处打磨平整，无毛刺。

(5)将专用工具放置在安装分段绝缘器下方钢轨上，使专用工具的中心与分段绝缘器的中心重合。调整专用工具顶部水平仪至水平并锁死。

第二节　隔离开关安装

1. 适用范围

适用于新建高速铁路接触网隔离开关、负荷开关的安装、调整。

2. 工序流程

隔离开关、负荷开关的安装、调整工序流程如图 12-2-1 所示。

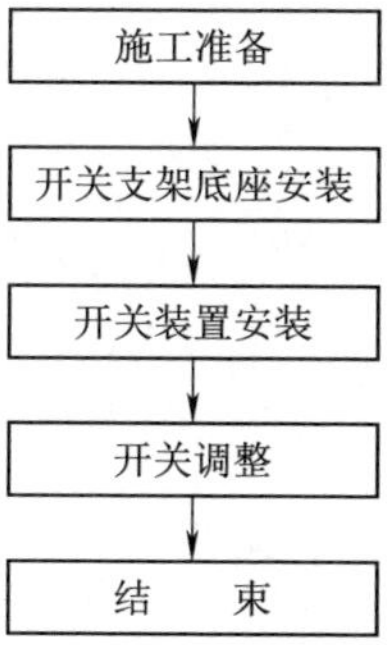

图 12-2-1　隔离开关、负荷开关的安装、调整工序流程图

3. 施工技术标准

(1)隔离开关宜设置在关节的开口侧。
(2)安装前须进行相关电气试验，校核操作机构二次回路。
(3)用塞尺检查开关触头与触母间隔套螺栓的间隙。
(4)支柱绝缘子处设支撑板，如图 12-2-2、图 12-2-3 所示。

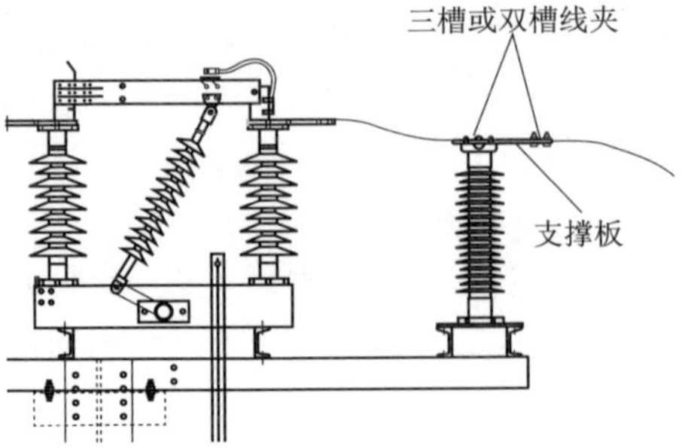

图 12-2-2 增设支撑板示意图

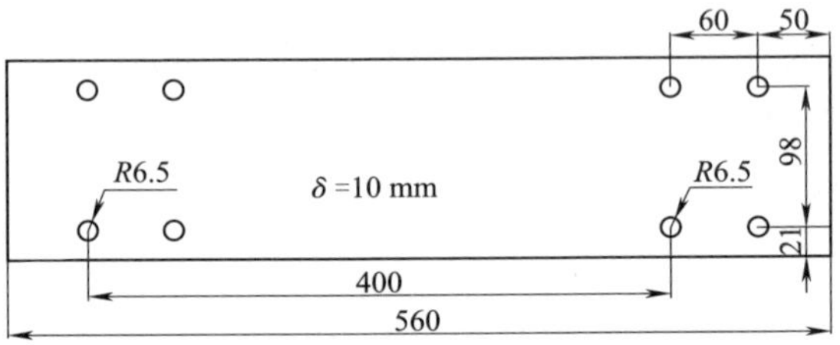

图 12-2-3 支撑板尺寸细部设计图(单位:mm)

(5)隔离开关引线弛度应满足温度曲线要求。

(6)电动隔离开关应按照电气闭锁原理进行带电模拟“分”“合”操作。

(7)安装完毕,开关应锁定在“分”或“合”位,挂锁锁定手柄。

(8)机构的分、合闸指示与开关的实际分、合位置一致。

(9)开关触头接触紧密,符合表 12-2-1 的要求。

表 12-2-1 触头接触检验标准

触头宽度(mm)	检验工具	塞入深度(mm)
线接触	0.05 mm×10 mm 塞尺	0
≤50		≤4
≥60		≤6

(10)导电部分触头表面平整清洁,设备接线端子连接接触面涂电力复合脂。

(11)电动隔离开关操作机构箱体应可靠保护接地。

4. 操作要点

(1)开关支架底座安装

①司机接到驻站联络员的线路封锁命令、接触网停电命令和车站调度室的发

车指令后，起动接触网作业车到达施工作业地点。

②到达施工地点后，施工负责人派人验电、现场防护，确认停电后挂接地线。

③采用人工安装：

a. 两人系安全带，带绳滑从支柱两侧攀登至开关安装位置，安装好绳滑。

b. 地面一人配合系好开关支架底座零件，拉绳送至安装位置。

c. 杆上两人相互配合，按设计要求、开关的安装位置及方向将支架安装在设计高度或预留孔处，并用钢尺测量开关支架对角线，保证支架和安装孔位的方正，用水平尺测量开关支架表面的水平度，如不满足要求，可以加垫片，保证支架的水平。

d. 支架调平后，按照设计标准，两人配合用力矩扳手将支架固定螺栓紧固达标。

④采用作业车安装：

a. 施工负责人指挥作业车对位，待作业车停稳后，升作业平台并旋转靠近支柱开关安装位置。

b. 作业车上人员相互配合，按设计要求、开关的安装位置及方向将支架安装在设计高度或预留孔处，并用钢尺测量开关支架对角线，保证支架和安装孔位的方正，用水平尺测量开关支架表面的水平度，如不满足要求，可以加垫片，保证支架的水平。

c. 支架调平后，按照设计标准，两人配合用力矩扳手将支架固定螺栓紧固达标。

(2)开关装置安装

①打开开关运输箱，松掉开关固定螺栓，用尼龙绳穿过开关底座吊装孔，呈人字形捆绑隔离开关，保证尼龙绳不来回窜动。

②人工吊装开关本体：杆上人员将预制好的开关临时吊架固定在支柱顶端高，且保证定滑轮高度高于开关支架 2 m 以上。将开关与临时吊架的绳钩相连接，通过滑轮提升开关本体至高出支架上表面，将开关轻轻落在托架上，使开关底座螺栓预留孔与支架预留螺栓孔对齐，穿入螺栓进行预连接。

③作业车轨道吊安装吊装开关本体：施工负责人指挥吊车司机将开关按其安装方向吊至开关支架上落座，作业车上人员扶正对位，使开关底座螺栓预留孔与支架预留螺栓孔对齐，穿入螺栓进行预连接。

④用水平尺检查开关瓷柱是否垂直，否则在开关底座下方用垫片进行调整，调整完毕后，按设计标准紧固螺栓达标，固定开关。在双极开关时，连接好开关传动机构，并通过开关底座上的调节孔将两开关传动轴调节至同一水平轴线上。

⑤地面两人配合，用钢卷尺测量出开关机构箱设计安装高度，在相应的预留孔位安装操作机构箱固定支架，并用水平尺调整至水平。两人配合将操作机构箱安

放在固定角钢上，操作机构箱固定螺栓预受力，用水平尺调整操作机构箱的水平度，调平后，一人扶住操作机构箱，一人将固定螺栓用力矩扳手紧固达标。

⑥杆上两人和地面两人配合，测量出操纵杆固定抱箍设计安装位置，在相应的预留孔位安装操纵杆抱箍，并用水平尺调整至水平，操纵杆限制环横向调节螺栓预紧固。

⑦杆上人员和地面人员相互配合，将操纵杆穿入限制环内，操纵杆底部与操作箱预留端口连接，操纵杆与操纵杆间用接头卡箍连接，操纵杆顶端穿过开关传动机构连接板限制卡环。通过调节操纵杆限制环横向调节螺栓，使操纵杆铅垂。

(3)开关调整

①安装完毕，地面人员使用手动方式将开关操作机构箱内的操作机构摇至“合”位后，按产品说明向“开”位摇动设计圈数，通知杆上人员调节开关传动机构与操作杆的连接板至产品设计位置并锁死。通知地面人员摇开开关，杆上人员检查开关是否在要求的“打开”位置，若有差异，微调开关传动机构微调螺栓；通知地面人员摇合开关，杆上人员检查开关是否在要求的“闭合”位置，若有差异，微调开关传动机构微调螺栓，使开关“分”“合”到位。

②不带接地刀闸的隔离开关、接地开关及其操作机构箱的安装可按步骤①执行。

③带有接地刀闸的隔离开关的接地刀及其操作机构箱的安装，基本安装调整原理是：将地刀固定在底座上，将开关置于“分”位，地刀置于“合”位，操作机构箱置于“合”位，连接操作连接件，调整行程限制器，使地刀“合”到位；紧固螺栓后，将地刀置于“分”位，微调连杆，使地刀“分”到位。

第三节 避雷器安装

1. 适用范围

适用于新建高速铁路接触网氧化锌避雷器的安装。

2. 工序流程

避雷器安装工序流程如图 12-3-1 所示。

3. 施工技术标准

(1)避雷器采用双引线接地，设备底座和保护线连接；避雷器设备底部的接地孔和计数器连接，计数器下部接地电缆与综合接地端子相连。避雷器接地示意如

图 12-3-2 所示。

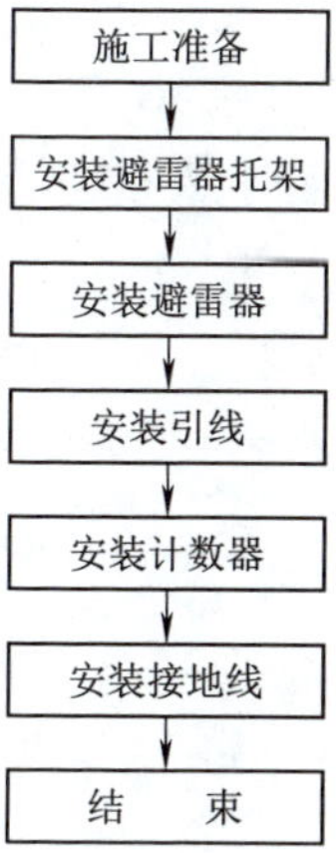

图 12-3-1　避雷器安装工序流程图

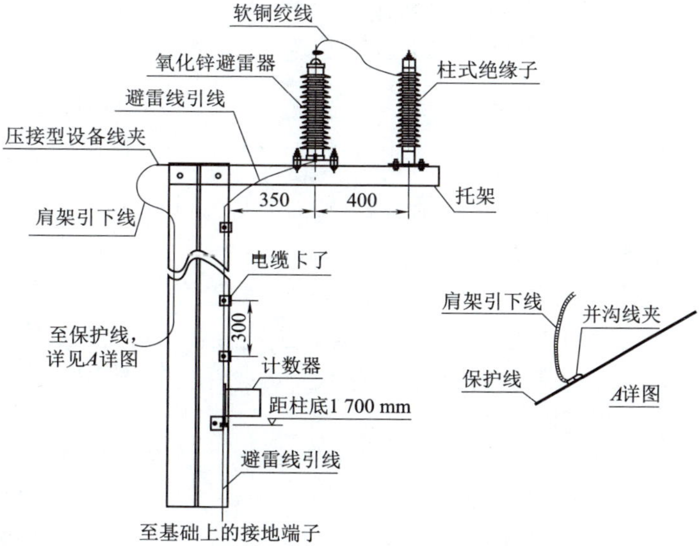

图 12-3-2　避雷器接地示意图(单位:mm)

(2)隔离开关采用双接地,隔离开关托架与保护线连接,操作机构箱与综合接地端子连接,如图 12-3-3 所示。

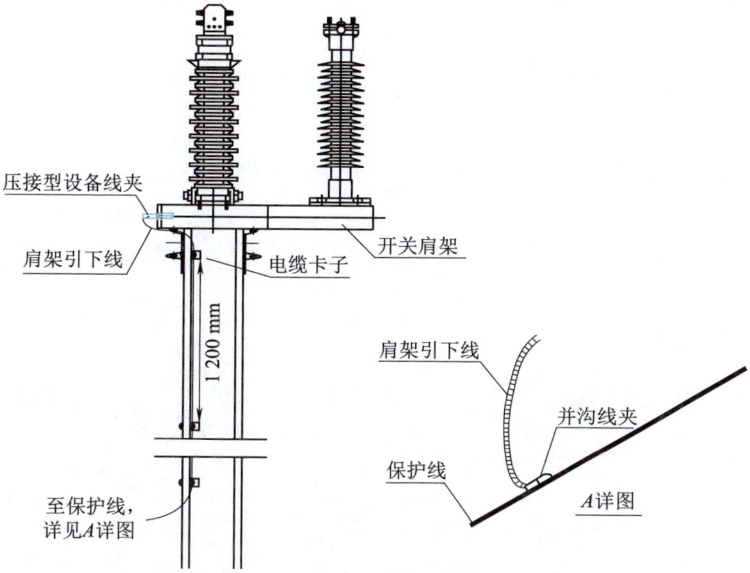

图 12-3-3　隔离开关肩架接地示意图

(3)避雷器托架安装固定、水平,避雷器应呈竖直状态。

(4)避雷器引线弛度和与接地体的绝缘距离应符合设计要求。

(5)计数器在安装前应置零。

4. 操作要点

(1)安装避雷器

①利用滑轮起吊避雷器,地面人员通过晃绳防止避雷器磕碰,杆上人员配合将避雷器放置在托架上。

②避雷器螺栓孔与托架螺栓孔对位,穿入螺栓,循环拧紧螺栓。

③用水平尺检查避雷器是否呈竖直状态,否则通过垫片加以调整。

④确认避雷器竖直后,按设计要求用力矩扳手紧固螺栓,确保达标。

(2)安装引线

对避雷器线夹除锈并涂电力脂,按设计要求弛度安装避雷器引线。

(3)安装计数器

①在有计数器时,进行该步骤,没有时直接安装接地线。

②按产品说明书调整计数器至零位。

③按设计要求测量确认计数器安装高度,安装、调整计数器托架至水平。

④安装计数器。

(4)安装接地线

①无计数器时,从避雷器低压侧用接地线按设计要求直接连接至接地极预留端。

②有计数器时,先从避雷器低压侧接地线至计数器预留端,再从计数器预留端引接地线至接地极预留端子处。

③在接地线连接处涂电力脂,确保连接有效可靠。

第四节　地面磁感应器安装

1. 适用范围

适用于新建高速铁路接触网有砟、无砟轨道区段地面感应器的安装。

2. 工序流程

地面感应器安装流程如图 12-4-1 所示。

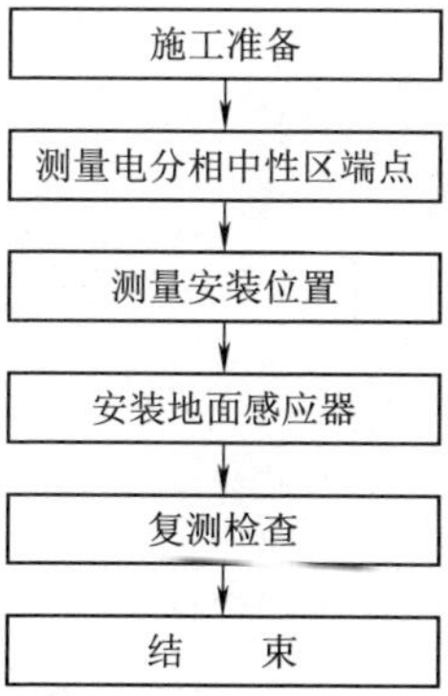

图 12-4-1　地面感应器安装流程图

3. 施工技术标准

(1)中性区包括过渡段,即为靠近锚柱的转换柱非支绝缘子到另一端转换柱非支绝缘子的距离(不含绝缘子)。

(2)地面感应器纵向安装位置施工允许偏差为±1 000 mm,原则上只允许远离中性区。

(3)地面感应器横向安装位置施工允许偏差量应符合设计要求。

(4)电分相中性区两端绝缘子串的安装位置应符合设计要求,允许偏差为±50 mm;承力索、接触线两绝缘子串中心应对齐,允许偏差为±30 mm。

(5)无砟型地面感应器在预埋锚栓的时候,开孔位置应符合设计要求,避开道床内预制钢筋,孔壁应垂直,深度应符合产品安装说明和设计要求。

(6)地面感应器的识别半径、磁能积、磁感应强度、衰减量、抗压强度等性能参数应满足设计要求。

4. 操作要点

(1)测量电分相中性区端点

①施工负责人接到线路封锁命令后,组织人员到达施工地点,并指派防护员进行现场防护。

②如图 12-4-2 所示,利用线坠在钢轨上标记出 J1、J4 绝缘子无电区侧的垂直投影点,该点为中性区端点。

(2)测量安装位置

①对于预埋式地面感应器,测量点刚好落在一根轨枕上时,则取该轨枕作为需安装点,如果落在两根轨枕之间,则取该两根轨枕中的任何一根作为安装点。对于

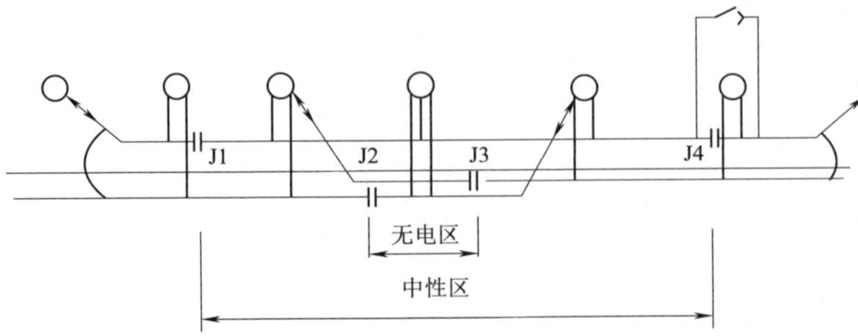

图 12-4-2　六跨电分相示意图

无砟型地面感应器，安装应避开道床结合缝，尽量位于两块轨枕间隔的中部，其纵向调整范围为±1 000 mm。

②依据图 12-4-3 中地面感应器的布置位置，在现场标记安装点。

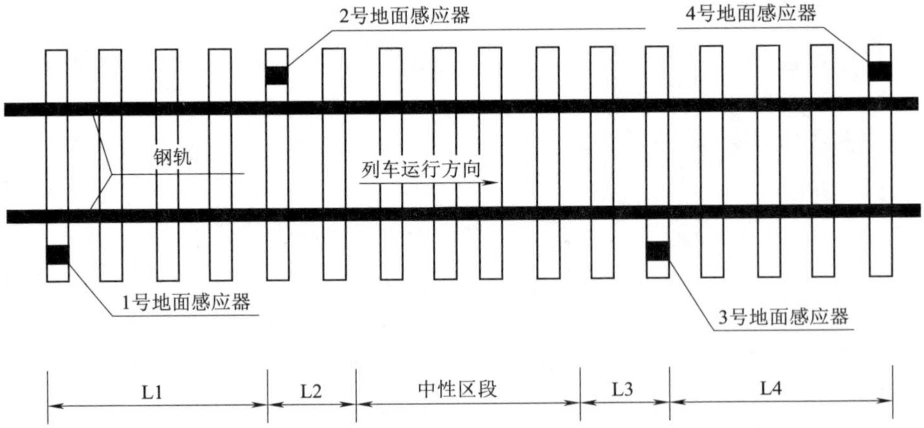

图 12-4-3　电分相地面感应器布置图

(3)安装地面感应器

①提前联系线路管理单位，指导安装地面感应器，以保护道床和轨道参数。

②对于预埋式地面感应器，由线路管理单位人员扒开安装点道砟，更换地面感应器，安装中注意轨枕方向。

③对于无砟式地面感应器，由线路管理单位在安装点按照产品结构参数和设计要求用水钻打孔。打孔位置应避开道床预制钢筋，若预埋锚栓为化学锚栓时，应确认化学锚栓强度达到要求后再安装感应器。

(4)复测检查

安装完成后，用钢卷尺或激光测距仪沿钢轨对地面感应器位置进行复测，记录数据，核查是否满足要求。

第十三章　回流引线及接地安装

1. 适用范围

适用于新建高速铁路接触网回流及接地连接。

2. 工序流程

接地线预制安装流程如图 13-0-1 所示。

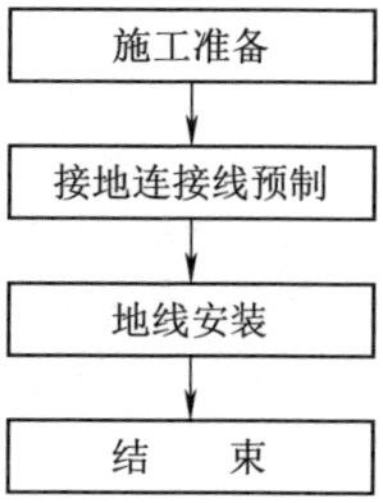

图 13-0-1　接地线预制安装流程图

3. 施工技术标准

(1)接地连接线所用线材、电缆、线夹规格型号应符合设计要求。

(2)与综合接地连接位置需与信号专业、电力专业进行对接,与通信、信号电缆间物理隔离,避免不需要接的位置连接后对电力或信号设备造成损坏。

(3)接地、回流连接及安装形式应符合设计要求,排列整齐,弯曲部分弧度自然,并预留因温度变化而产生的位移长度。

(4)27.5 kV 电缆头接地可靠,铠装或屏蔽层仅一端接地,另一端接护层保护器接地,严禁金属屏蔽层两端接地,严禁金属屏蔽层两端均不接地。

(5)隔离开关托架分别与保护线及综合接地连接,操作机构箱及当地监控箱体应进行可靠的保护接地,与综合接地端子连接。

(6)避雷器的工作接地及保护接地分别与保护线和综合接地系统或独立接地体相连接。

(7)隧道内外置槽道或打孔灌注底座及距接触网带电体 5 m 以内的金属结构,按设计要求与综合接地连接或与内置槽道相连接。

(8)站内零散支柱接地应结合车站美观设计,采用电缆方式埋设或以架空地线形式,并与车站两端综合地线连接。也可单独设接地极接地,接地极埋入地下深度不应小于 0.6 m,地面部分涂防锈漆,地下部分涂防腐油,连接处应除锈涂电力复合脂,连接牢固可靠,接地电阻满足设计要求。

(9)线缆与线夹接触应良好,并涂电力复合脂;接地线及回流电缆宜短捷、平直，排列整齐，固定可靠。

(10)接线端子与电缆连接应采用压接方式，并按要求压接。与保护线并接时采用铜铝过渡并沟线夹。

(11)与支柱、接地端子、钢轨扼流箱中性点连接的各种连接螺栓、线夹螺栓紧固力矩符合设计要求。

(12)设备接地引线沿支柱每隔 300 mm 采用不锈钢扎带或地线弯卡固定。

(13)吸上线出入电缆槽时套波纹管防护，沿钢柱上爬时每隔 1 m 采用非磁性抱箍固定，每根回流电缆采用 2 个并沟线夹固定，如图 13-0-2 所示。

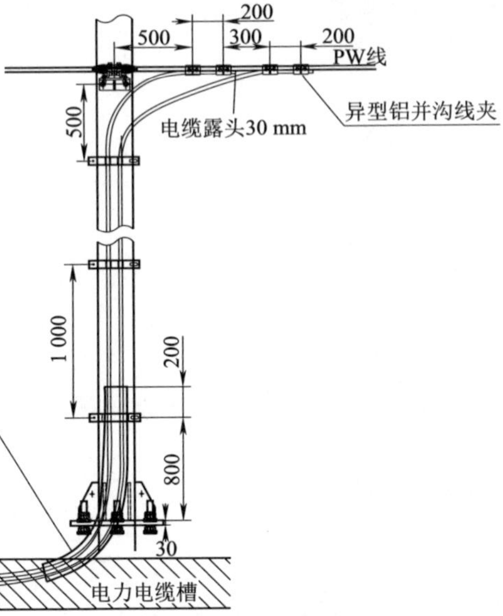

图 13-0-2　吸上线安装示意图(单位:mm)

(14)吸上线与扼流变中性点连接处增加转换母排，如图 13-0-3 所示，转换母排细部设计如图 13-0-4 所示。

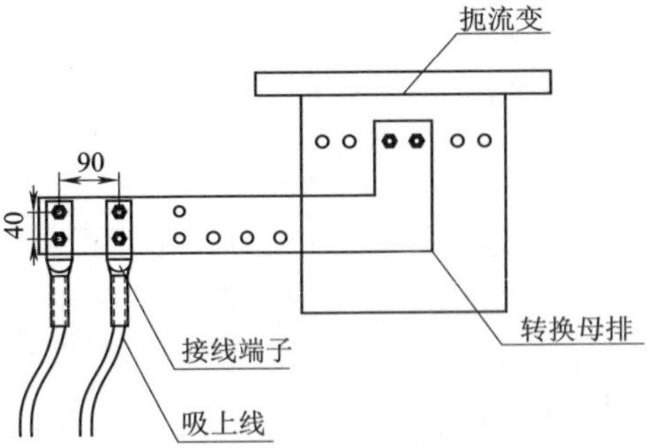

图 13-0-3　吸上线与扼流变连接示意图(单位:mm)

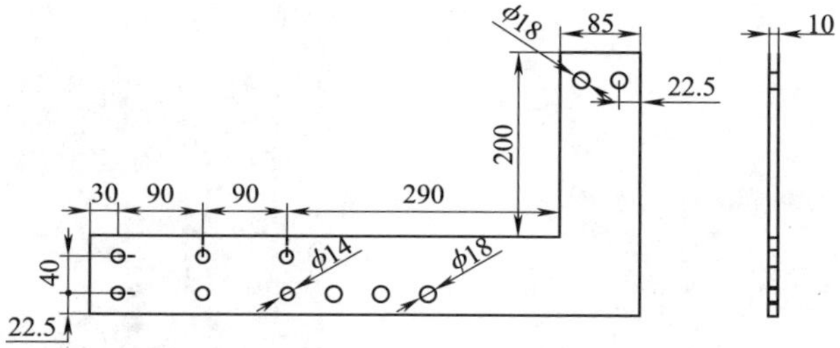

图 13-0 4　转换母排细部设计图(单位:mm)

4. 操作要点

(1)回流电缆敷设与连接

①从料库领取线夹及电缆等材料,并检查材料外观是否符合要求。

②根据测量数据截取电缆,截取电缆时保证截断面整齐。

③将一端电缆向最近支柱方向开始敷设,沿已确认的电缆路径敷设,敷设到位后,将电缆放入 10 kV 电力电缆的电缆沟内。

④扼流箱与牵引变电所集中接地箱的回流电缆从变电所集中接地箱处开始向线路上的扼流箱方向敷设,地面部分采用直埋方式,上桥时在桥墩与 10 kV 电力电缆桥架同槽敷设,桥上及路基地段与 10 kV 电力电缆同沟。

⑤电缆敷设完成后,确认长度合适,在连接扼流箱中性点的一端将电缆外表皮用刀剥开,安装接线端子,并使用压接钳进行压接,注意需压接两道压痕。

⑥接线端子压接好后,使用绝缘胶带对线夹与电缆表面缝进行缠绕密封。

⑦使用记号笔在电缆层表面上标明回流位置,即区间(车站)杆号。

⑧先连接扼流箱中性点的一端,使用螺栓将电缆接线端子一侧连接至扼流箱中性点处的中性板上,用扳手拧紧至规定的紧固力矩。

⑨将支柱一端的电缆端部外表皮用刀剥开,长度为一个并沟线夹的距离,一人上杆将电缆用铜铝过渡并沟线夹与 PW 线固定,固定前在连接部位涂抹电力复合脂,线夹固定位置按设计要求执行。PW 线与扼流箱中性点连接。

⑩电缆连接后在支柱上安装电缆固定支架,支架安装位置、间距符合设计要求,然后整理两根电缆,使电缆顺直,用抱箍将依次电缆固定在支柱上。

⑪将支柱根部电缆自然弯曲进入电缆沟内,并与电力电缆桥架间隔排放,遇有交叉时采取隔离方式,检查无误后恢复电缆盖板。

⑫扼流箱与牵引变电所集中接地箱的回流电缆连接的施工方法同上,回流电缆的数量和连接方式应符合设计要求。扼流箱与牵引变电所集中接地箱的回流电缆连接如图 13-0-5 所示。

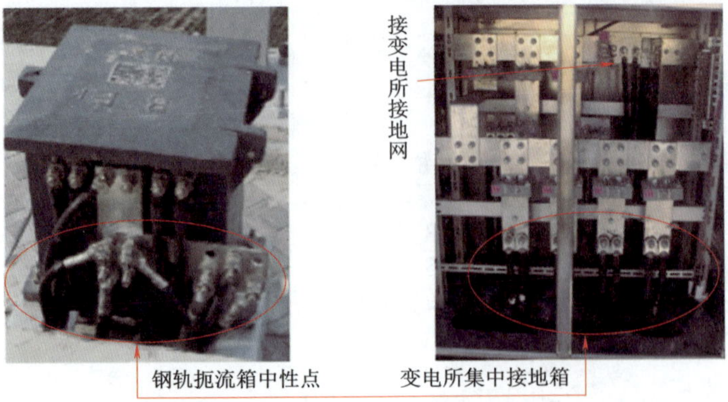

图 13-0-5　扼流箱与牵引变电所集中接地箱的回流电缆连接

⑬由于连接的回流电缆较多，宜从扼流变的中性点增加连接板，其材质和截面应满足要求。

⑭回流电缆在桥墩与 10 kV 电力电缆桥架同槽敷设时，有序排列，并按设计要求进行绑扎固定。

(2)保护线与综合接地连接

①从料库领取线夹及电缆等材料，并检查材料外观是否符合要求。

②接触网保护线一般每隔 300～500 m 接入综合接地一次(一般采用 70 mm^2 铜缆)，具体连接方式、位置应根据设计要求，确认是否接入或接入的支柱。

③确认后进行测量，若为水泥柱，则从保护线测量至支柱底部接地钢筋；若为 H 型钢柱、圆管柱，则从支柱预留孔测量至基础预留的接地端子处。

④测量时应沿支柱面进行测量，凡变换方向应按直角测量，特殊地段需预留长度时，需考虑综合接地电缆预留长度。

⑤根据实测(计算)数据，计算出接地连接线所需的总长度，用断线钳截取接地导通电缆，然后在两端或一端使用压接钳压接接线端子，注意需压接两道压痕。若为水泥柱接综合接地时，采用并沟线夹安装，不用压接设备线夹。

⑥安装时先连接接地端子的一端，使用螺栓将综合接地电缆接线端子连接至基础预留的接地端子上，用扳手拧紧至规定的紧固力矩；另一端连接至 H 型钢柱接地预留孔处，使用扳手拧紧至规定的紧固力矩。

⑦若为水泥柱时，采用并沟线夹，从保护线连接至支柱底部的接地钢筋上，上部与保护线连接使用铜铝过渡线夹连接；并在支柱上采用电缆固定卡箍固定接地电缆，间隔符合设计要求。

⑧隧道内外置槽道、打孔灌注底座、距接触网带电体 5 m 以内的金属结构，按设计要求的连接方式与综合接地连接或与内置槽道相连接。

⑨站内零散支柱接地应采用电缆串联与车站两端综合地线连接，也可单独设接地极接地，连接处应除锈涂电力复合脂，连接牢固可靠，接地电阻满足设计要求。

⑩接触网支柱基础接地端子与电缆槽内综合接地端子的连接一般属于土建单位施工范围。

⑪安装完成后，施工负责人填写安装记录表。

(3)电缆头接地连接(图 13-0-6)

①从料库领取线夹及电缆等材料，并检查材料外观是否符合要求。

②两人登上上网电缆支柱，先在电缆托架底部安装集中接地母排，然后依次将每个电缆终端头底部的两条接地软铜编织线与母排连接，用扳手拧紧至规定的紧固力矩。

③确认已测量截取的接地母排至支柱基础或综合接地端子的电缆长度合适，在两端用刀剥开电缆外皮，套入接线端子，使用压接钳压接，注意需压接两道压痕。

④杆上人员将一端接线端子与接地母排用螺栓连接，拧紧至规定的紧固力矩。

⑤然后整理两根接地电缆，使电缆顺直，用抱箍依次将电缆固定在支柱上。

如果接触网支柱基础接地端子与电缆槽内综合接地端子没有直接连接，可将接地电缆另一端直接与电缆槽内综合接地端子连接；如果已连接，可直接与支柱基础接地端子连接。与接地端子连接螺栓须密贴牢固，使用的螺栓规格、连接方式、紧固力矩符合设计要求。

图 13-0-6　27.5 kV 上网终端电缆头接地

(4)避雷器接地连接(图 13-0-7)

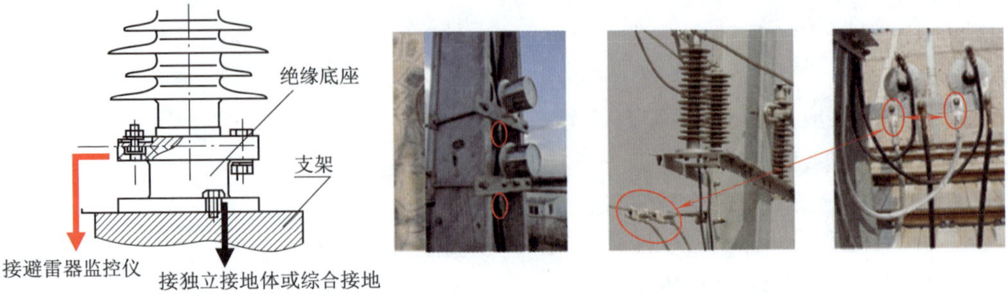

图 13-0-7　避雷器与综合接地连接以及避雷器与保护线连接

①从料库领取线夹及电缆等材料,并检查材料外观是否符合要求。

②将已测量截取的避雷器绝缘底座与支架间接地端子与避雷器在线监控仪之间的电缆,避雷器支架与支柱基础或综合接地端子之间的电缆长度合适,先在 4 条电缆的一端用刀剥开电缆外皮,套入接线端子,使用压接钳压接,注意需压接两道压痕。

③两人登上避雷器支柱,先在避雷器绝缘底座与支架间接地端子安装路径监控仪电缆,然后再将避雷器支架与综合接地端子之间的电缆用扳手拧紧至规定的紧固力矩。

④两只避雷器接地电缆连接完成后,杆上人员整理电缆,使电缆顺直,用抱箍依次将电缆固定在支柱上。

⑤杆下人员将避雷器在线监控仪支架按设计要求安装在规定位置,将监控仪安装好后,将其中两根监控仪电缆分别与到两个监控仪的接线端子进行长度确认,同时确认另外两根接地电缆与两个监控仪支架地线孔的长度。

⑥在确认长度合适后,分别在每条电缆的端部用刀剥开电缆外皮,套入接线端子,使用压接钳压接。

⑦将在线监控仪电缆分别与监控仪连接线端子用螺栓连接,再将接地电缆与支架接地孔用螺栓连接后,拧紧至规定的紧固力矩。

⑧分别量取两根由监控仪支架到柱基础综合接地端子或电缆沟内综合接地端子长度合适的接地电缆,在电缆两端压接接线端子,然后分别予以连接,拧紧至规定的紧固力矩。

⑨对设计要求将避雷器监控仪外壳或支架与 PW 线进行连接以达到保护接地的目的的,量取长度合适的铝绞线,将监控仪端使用接线端子压接,连接后与 PW 线用并沟线夹连接并绑扎。

（5）隔离开关接地连接（图 13-0-8）

①从料库领取线夹及电缆等材料，并检查材料外观是否符合要求。

②对隔离开关与上网电缆、避雷器合架的，只对电缆头、避雷器分别进行接地，隔离开关托架不单独进行接地，对隔离开关单独安装，没有避雷器的情况下，开关托架用铝绞线与 PW 线连接。安装时托架一端使用接线端子压接，连接后与 PW 线用并沟线夹连接并绑扎。

③带接地闸刀的隔离开关，应在开关接地端子处用电缆与综合接地端子连接，接地开关在正常状态下为打开状态。

④隔离开关操作机构箱、当地监控箱体的保护接地，先将隔离开关操作机构箱体上部垂直传动杆与箱体连接的接地电缆（随开关附带）与箱体支架连接，然后量取隔离开关操作机构箱、当地监控箱体背面（支柱侧）的接地端子与综合接地端子的长度电缆，两端分别压接接线端子，分别与箱体接地端子及综合接地端子连接，螺栓拧紧至规定的紧固力矩。

⑤安装完成后，施工负责人填写安装记录表。

（a）独立开关接地　　（b）开关箱体接地

图 13-0-8　隔离开关接地连接图

第十四章　标志牌安装

1. 适用范围

适用于高速铁路接触网专业支柱或吊柱号码牌的安装。

2. 工序流程

支柱、吊柱号码牌安装工序流程如图 14-0-1 所示。

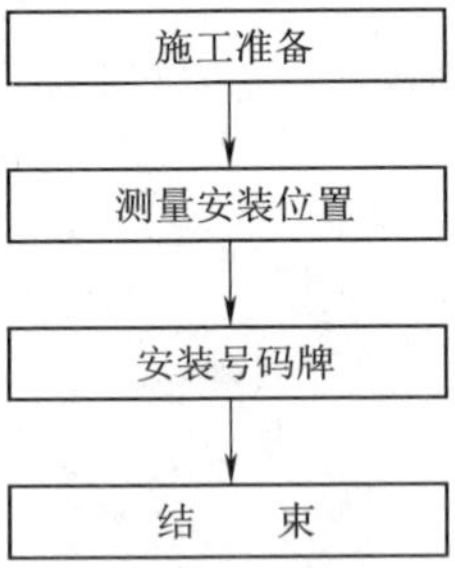

图 14-0-1　支柱、吊柱号码牌安装工序流程图

3. 施工技术标准

(1)检查核对安装号码牌与支柱编号是否相符。

(2)号码牌采用肩架固定时,用小绳将装配好的号码牌吊起,在标记处固定,将肩架调整水平,按标准紧固螺栓。

(3)号码牌采用黏合剂粘贴时,在号码牌背面涂抹黏合剂,用平头铲和抹布清除安装处的脏污使粘贴处清洁,在标记处调整号码牌至水平后粘贴,用抹布压实,并擦掉漏出号码牌边缘的黏合剂。

(4)号码牌在支柱预留孔内安装时,用螺栓将号码牌固定在设计预留孔内,并用力矩扳手按标准紧固螺栓。

4. 操作要点

(1)号码牌字迹清楚、醒目,其逆反射系数按设计要求,无设计要求时采用Ⅳ级以上。

(2)支柱号码牌采用反光号码牌,牌面按设计要求制作,无设计要求时牌面可不采用反光膜,白底黑字阿拉伯字码制作,且质量和安装位置应符合设计规定。

(3)固定号码牌用的螺栓应采用二级热镀锌防腐处理,紧固力矩应按设计标准执行。

(4)号码牌不可缺号、断号、乱号。

(5)按线路公里标的方向区间和站场分别编号,车站两端锚段关节处支柱应编入车站,复线区段下行侧支柱编为单数,上行侧编为双数,若号码位数达不到该区间或站场最大数字时,以“0”补充前面空位。

第十五章　接触网检测、试验与精调

第一节　接触网静态检测与精调

1. 适用范围

适用于高速铁路接触网施工完成后，接触网检测车尚未检查前，由作业队进行的静态检测与精调。

2. 工序流程

接触网静态检测与精调的工序流程如图 15-1-1 所示。

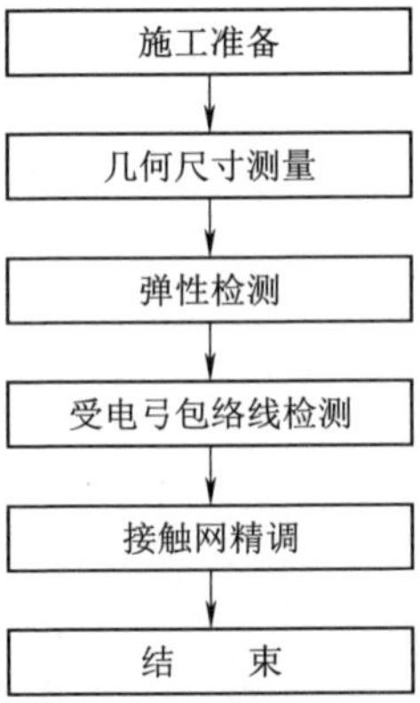

图 15-1-1　接触网静态检测与精调工序流程图

3. 施工技术标准

(1)导线高度与拉出值应符合设计要求，施工偏差为±30 mm。

(2)简单链型悬挂跨中预留弛度应符合设计要求，弹性链型悬挂跨中通常无预留弛度。

(3)两个弹吊吊弦悬挂点与定位悬挂点接触线高度为等高。

(4)弹性吊索吊弦与跨中第一吊弦的高度差必须小于 10 mm，跨中相邻吊弦处导高差不应大于 5 mm。

(5)两相邻悬挂点导高差如图 15-1-2 所示，原则上不应大于 10 mm，否则如果有的点相邻悬挂点达到 20 mm，那么对于左右连续点的判断上将变得复杂，导线平顺性难于把握和保证。

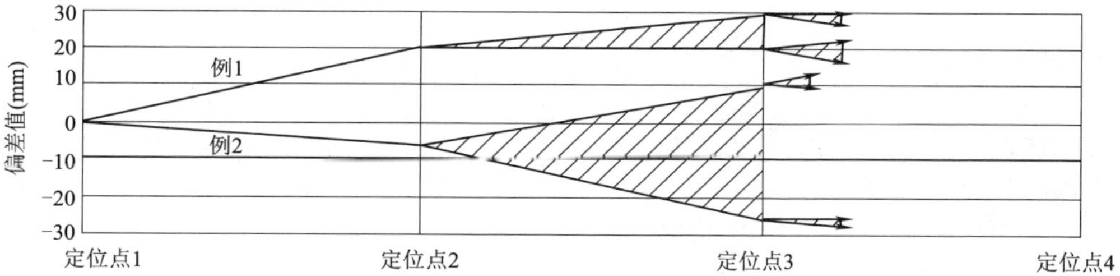

图 15-1-2　相邻悬挂点接触线高度偏差图

解读：如果一个跨距的接触线两悬挂高差大于 20 mm 后，下一跨距不得直接出现相反的坡度，必须是水平过渡一跨或沿一跨的坡度走向；如果坡度在一个支柱的两侧坡度各异，两边坡度高差绝对值之和不得超过 20 mm。所有接触线走向都应满足：悬挂点相邻腕臂之间相连的直线与该悬挂点导高差不得超过±10 mm。

(6)简单链型悬挂的弹性不均匀度为 $\mu \leqslant 25\%$，弹性链型悬挂的弹性不均匀度为 $\mu \leqslant 10\%$。

(7)受电弓动态包络线检测时，定位器、定位管、电连接及电连接线夹、线岔、吊弦、分段绝缘器、隔离开关及引线、隧道内吊柱等均不得侵入受电弓动态包络线范围。

(8)受电弓至接地体的距离应符合设计要求，瞬时间隙一般不得小于 200 mm，困难情况下不得小于 160 mm。

4. 操作要点

(1)几何尺寸测量

①作业车司机听从车站值班人员指挥，起动作业车，进入测量区段在作业点解体。

②测量人员下车，用接触网激光测量仪对接触网静态参数、几何尺寸(导高、拉出值、弛度、接触线坡度等)进行测量，并将测量结果(超标)记录下来，交接触网精调组克服。

(2)弹性检测

①负责人指挥作业车司机对位，升降作业平台，弹性检测人员上作业平台。

②在悬挂点，先用钢尺测量导线静态的高度(可在平台拉杆上横放一块木板)，

即测量木板到导线下缘的距离；再把弹簧秤挂在导线上，用力上提，1 人量抬高后测量导线下缘至板面的距离，1 人注意读取弹簧秤上显示的上抬力值并记录下来，如图 15-1-3 所示。

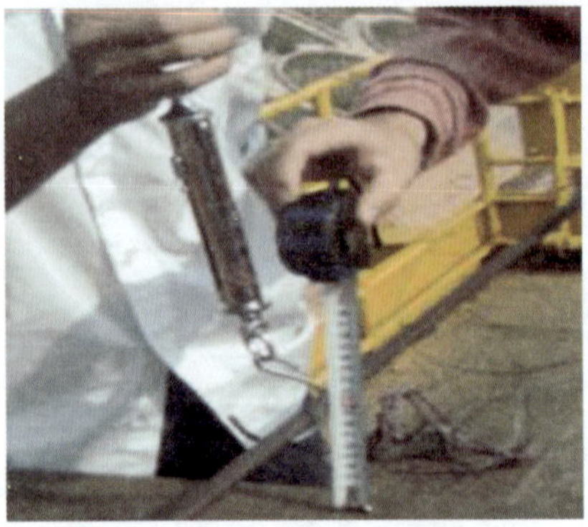

图 15-1-3　弹性检测

③在跨中，采取上述②的方法测量跨中接触线的弹性值。

④根据测量结果计算出弹性不均匀度，并与设计值和标准相比较，验证是否达到设计要求，并将缺陷交接触网精调组。

⑤测量静态情况下接触线在向上的抬升力作用下，接触线高度变化与抬升力比值的变化量，也就是接触网弹性变化，取跨中点与悬挂点的弹性差与其和之比为弹性不均匀度。具体见下列公式：

接触线弹性 E

$$E=\Delta h/F \tag{15-1}$$

式中　Δh——接触线在抬升力 F 作用下的导高变化值；

F——抬升力。

弹性不均度 μ

$$\mu=\frac{E_{\max}-E_{\min}}{E_{\max}+E_{\min}}\times 100\% \tag{15-2}$$

式中　$E_{\max}$——跨中最大弹性值；

$E_{\min}$——跨中最小弹性值。

按上述公式设计测量值与设计要求值比较，弹性不均匀度小于设计值为超标。应多测几处，查找原因，如导线张力没有问题(即补偿灵活)一般均可达到设计值。因此，先要检查补偿是否有卡滞现象，克服后再进行检测。

(3)受电弓动态包络线检查

①作业车司机接到调度命令后，听从车站值班员指挥，起动作业车进入检测区间。

②到达作业地点停车，防护人员下车，按《技规》防护要求，设好防护。

③施工负责人指挥作业车司机对位，升降作业平台，检测作业人员上作业平台，检查定位间隙，做好记录。

④检测定位管、定位器及定位支座等接触网零件是否在包络线检测尺范围以外，并做好记录，如图 15-1-4 所示。

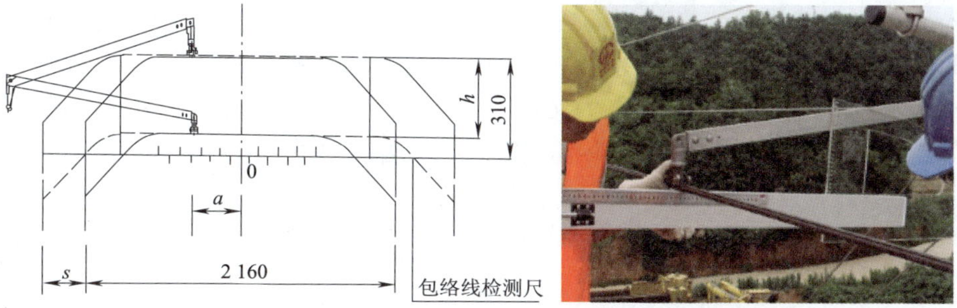

图 15-1-4　受电弓动态包络线检测示意图(单位:mm)

a—接触线拉出值;h—受电弓最大抬升量;s—受电弓最大摆动量

(4)接触网精调

①接触网精调组接到测量检测组的缺陷精调单后,施工负责人指挥作业车司机对位,升降作业平台,克服人员上作业台进行针对性的精调。

②由于承力索座高度引起的悬挂导高超标(高或低),作业平台上人员应扶起作业凳上凳,系好安全带,根据导高的高、低值进行调整。如导高高,从套管单耳向腕臂头方向用钢尺测量导线降低量,并用标识笔做好标记,先在标记外安装好套管单耳,再松开水平腕臂与斜腕臂连接的套管单耳,其他人员配合向腕臂头方向移动,移至标识位置后,将套管单耳连接螺栓用梅花扳手拧紧,再用力矩扳手检测达标,卸下安装在水平腕臂上的套管单耳。如导高低,从套管单耳向支柱侧方向用钢尺测量导线抬高量,并用标识笔做好标记,先在标记支柱侧安装好套管单耳,再松开水平腕臂与斜腕臂连接的套管单耳,其他人配合向支柱侧移动,移至标识位置后,将套管单耳连接螺栓用梅花扳手拧紧,并用力矩扳手检测达标,拆除安装在水平腕臂上的套管单耳。完成后,移出作业车,用接触网激光测量仪检测,如未达标,应继续精调直至达标。

③由于吊弦装错位置引起的导高超标,应利用作业车移动吊弦。吊弦长度不准,先测量后在现场预制,利用作业车安装上。安装后移出作业车,用接触网激光仪检测,如未达标,应返工直至达标为止。

④拉出值超标,利用作业车,先用钢尺在定位管定位支座中心测量出精调值,并用标识笔做上标识,在定位环处挂上铁丝套,挂上滑轮,将大绳穿入滑轮,用绳头绑牢接触线,2 人拉绳,1 人松开定位支座连接螺栓,向需移动方向(拉出值小向定位器根部方向,拉出值大向定位器线夹方向)移至标识位置,将定位支座连接螺栓用梅花扳手拧紧并用力矩扳手检测达标。完成后将作业车移出,用接触网激光测量仪检测,如未达标,继续精调直至达标,达标后拆除滑轮和大绳。

⑤简单链型悬挂跨中的预留弛度应符合设计要求,相邻吊弦高差不应大于

5 mm，高差超标的吊弦应在现场测量后预制，利用作业车安装。弹性链型悬挂导高为常数，相邻吊弦高差不得超过 5 mm，跨内最高和最低吊弦高差不得超过 10 mm，超标应在现场测量、预制，利用作业车安装。安装后将作业车移出，用接触网激光测量仪检测，如未达标，应继续精调直至达标为止。吊弦线夹应用梅花扳手拧紧，并用力矩扳手检测达标。

⑥导线坡度超标，如吊弦处导高正确，是悬挂点高度引起的，可采用步骤②的方法精调。

⑦弹性链型悬挂跨中出现正、负弛度，如证明吊弦计算、预留、安装均没问题，就是弹吊张力不符合设计要求，出现正弛度是因为弹吊张力过大，出现负弛度是因为弹吊张力过小，可将作业车停在远离中心锚结一侧，用弹性吊索安装工具调整吊索张力，同时在靠近中心锚结跨中用接触网激光测量仪测量跨中导高，导高达标后，调整作业人员将吊索线吊用梅花扳手循环拧紧，并用力矩扳手检测达标，最好再复测一次。

出现负弛度时，可采用加大弹性吊索张力的方法，使承力索下移，同时带动接触线下移，达到消除负弛度的目的，如图 15-1-5 所示。

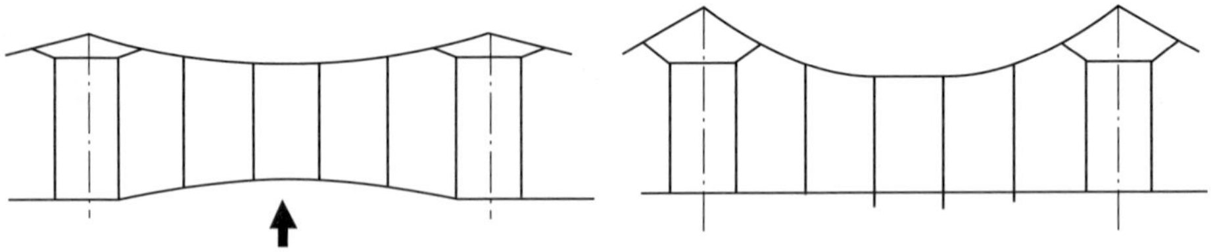

（a）负弛度示意图　　（b）正常悬挂示意图

图 15-1-5　负弛度与正常悬挂

出现正弛度时，可采用减小弹性吊索张力的方法，使承力索上移，同时带动接触线上移，达到消除正弛度的目的，如图 15-1-6 所示。

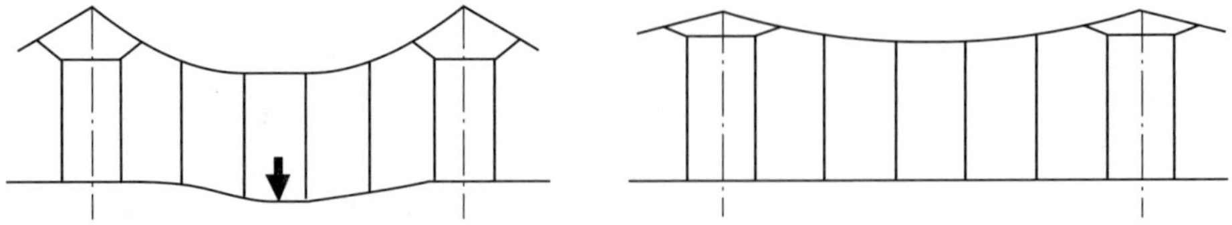

（a）正弛度示意图　　（b）正常悬挂示意图

图 15-1-6　正弛度与正常悬挂

⑧根据检查结果：定位点接触线抬升不到设计弛度（即定位间隙小），将定位间隙调整到设计要求值，并用锥度尺或塞棒检测达标。

⑨根据检测结果:定位管高度低,定位器开口小(斜度小),即没有达到设计位置,定位管、定位器、定位支座等接触网零件在包络线以内。正定位时,在斜腕臂定位环上部合适位置安装好定位环,挂上滑轮,穿入大绳,将绳头绑牢在接触线上,再用钢尺从原定位环中心量出抬升值,并用标识笔在腕臂上标识,2 人拉绳,1 人松开定位环,向上移动至标识位置,将定位环螺栓用梅花扳手拧紧,并用力矩扳手检测达标。反定位时,在承力索座处挂铁丝套子,加挂滑轮,穿入大绳,用绳头绑牢接触线,4 人分两组,分别拉紧绳子,1 人松开定位环线夹,向上移动至标识位置,用梅花扳手将定位环螺栓拧紧,并用力矩扳手检测达标。

(5)结束

完成当天任务,清理施工现场,收回工具材料,装在接送工车上,施工负责人填写施工记录表。

第二节　低速检测与精调

1. 适用范围

适用于高速铁路接触网静态检测完成后,在接触网受电前,使用接触网检测车对接触网进行检测。非接触式属于机械式静态检测。

2. 工序流程

低速检测与精调工序流程如图 15-2-1 所示。

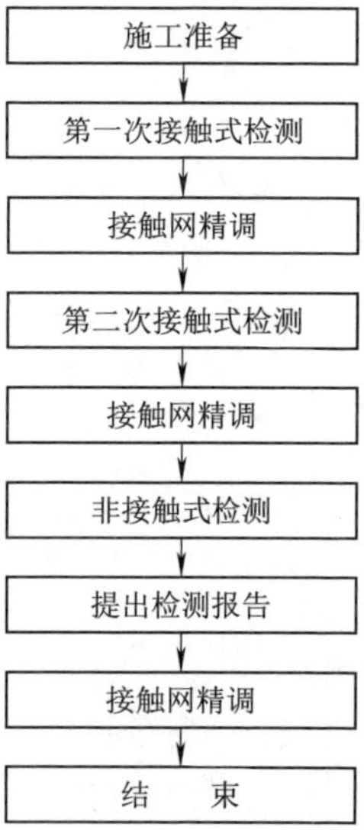

图 15-2-1　低速检测与精调工序流程图

3. 施工技术标准

(1)接触线高度与拉出值应符合设计要求,施工偏差为±30 mm。

(2)简单链型悬挂跨中预留弛度应符合设计要求,弹性链型悬挂跨中没有负弛度。

(3)两个弹吊吊弦悬挂点与定位悬挂点接触线高度为等高。

(4)弹性吊索吊弦与跨中第一吊弦的高度差必须小于 10 mm,跨中相邻吊弦处导高差不应大于 5 mm。

(5)两相邻悬挂点导高差不应大于 10 mm。如果一个跨距的接触线两悬挂高差大于 20 mm 后,下一跨距不得直接出现相反的坡度,必须是水平过渡一跨或沿一跨的坡度走向。悬挂点相邻腕臂之间相连的直线与该悬挂点导高差不得超过±10 mm。

4. 操作要点

(1)施工准备

①接触网工程全部竣工后,静态检测完成后,已具备低速动态检测条件,由项目部向试验中心提报检测委托书,试验检测中心根据检测报告拟订《检测大纲》,并向集团工管中心提报检测车调动计划,工管中心负责车辆调动的调度员向铁路运输部门申报批准本检测车挂车的电报(电报内容包括挂车事由、到达的目的地、挂车的车次、检测车技术状况及特殊要求等)。

②工管中心调度应督促试验车编挂铁路列车的运输调度计划的实施,检测车人员做好准备,并积极与铁路沿线车站加强联系,确保检测车调动顺利实现。检测车到达所检车站后,积极配合甩车。

③甩车后,技术负责人组织检测人员对检测机电、计算机等设备状况进行检查确认,检查发电机组、空气压缩机、燃油、车内外照明、计算机系统等是否正常,试运行是否良好,否则应立即处理,保证其使用功能。

④检测车负责人与施工负责人协商,对检测接触网的技术资料、准备检测的接触网具体条件、安全标准等事宜相互交底。

⑤检测车在接触网下升弓,技术人员用经纬仪检测受电弓中心是否与线路中心重合,并调整达标。

⑥负责人与所在车站值班人员联系,组织冷滑车辆编组联挂,如图 15-2-2 所示。

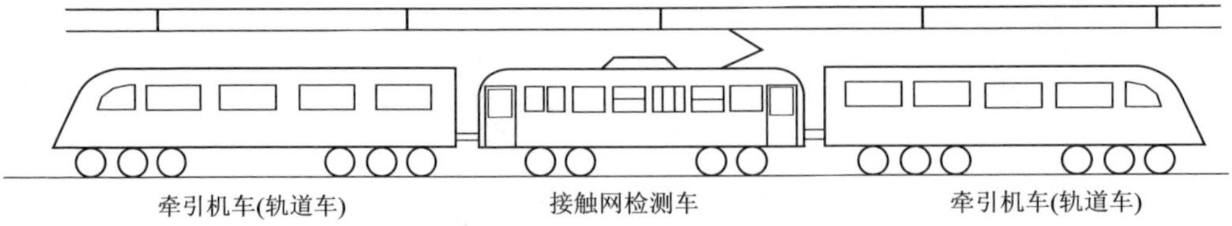

图 15-2-2 检测车编组图

⑦检测车技术人员将检测接触网的有关设计、技术标准、线路、里程、站、区及支柱号等相关参数输入计算机。

⑧技术人员再次对计算机、受电弓等主要设备进行一次复检,确认机电员对检测车辆、发电及照明设备等进行检查确认。

⑨将受电弓底座接地端子与车顶接地端子用接地线连接牢靠，热滑时应事先断开。

(2)第一次接触式检测

①冷滑检测人员在检测封闭线路点前到达并上车，检测技术人员提前 30 min 对检测设备进行预热，并在检测软件中设置检测文件、检测区段及当前里程位置等参数。

②检测监视技术、安质人员上观察窗入座，检测技术人员检查各检测设备状态，机电员检查车辆、机电设备，并将检测结果向负责人报告。

③负责人指挥检测工程师操作升弓，并调节受电弓气压控制阀，确认在主计算机校正菜单中显示的弓网静态接触压力为 10 N，操作计算机进入检测记录状态，并启动录像监视设备，对受电弓状态进行录像。

④司机接到封闭线路命令后，听从值班人员指挥，起动车以 20 km/h 进行冷滑。安全监察人员开始密切观察受电弓附近及近距离前方接触网和受电弓接触状况，向检测人员报检测经过的接触网杆号和车站、线岔、分段、分相位置，并及时通报检测弓遇到的干扰和紧急情况出现时的降弓命令。同时，检测工程师在主计算机中输入和修正相关数据以及将图形显示计算机切换至曲线显示屏，分别输入检测弓当前位置的锚段关节、车站、线岔、分段绝缘器、分相和干扰、打弓等缺陷标志。

⑤特殊情况下(如无网、既有网有电区)，由安全监察员提前命令降弓，由检测工程师执行降弓，进入正常区，恢复升弓，正常冷滑检测。

⑥完成当天冷滑检测后，由技术人员组织检测技术人员对检测打印出的记录曲线进行分析，评估，确定出需克服的缺陷，编制《检测超限报告》并提交施工负责人。

(3)根据检测超限报告整治

施工负责人根据《检测超限报告》内容，申报封闭线路施工点，组织施工人员整治克服达标，并检查确认。

(4)第二次冷滑检测

①确认第一次冷滑检测出的超限缺陷已全部精调完毕，其他与第一次①项相同。

②同第一次②项。

③负责人指挥检测工程师操作升弓，并调节受电弓气压控制阀，确认在主计算机校正菜单中显示的弓网静态接触压力为 70 N，操作计算机进入检测记录状态，并启动录像监视设备，对受电弓状态进行录像。

④除冷滑检测车运行速度为 40 km/h 外，其余与第一次④相同。

⑤、⑥与第一次相同，如图 15-2-3 所示。

图 15-2-3 接触式检测

(5)根据检测超限报告精调

施工负责人根据《检测超限报告》内容，申报封闭线路施工点，组织施工人员精调达标，并检查确认。

(6)非接触式检测

①动力牵引车司机听从车站值班员指挥，起动牵引车进入检测区间，网检测车不升弓，利用无接触光学检测系统设备进行检测，如图 15-2-4 所示。

图 15-2-4 非接触式检测

②用车顶同一底座上固定 4 个高分辨率的摄像机，如图 15-2-5 所示，利用三角形原理计算接触线的位置，通过传感器记录车体摇晃引起的偏移，对测量接触线

位置进行修正记录。60 km/h 速度精度极高，且测量系统每米对接触网参数采集一次。

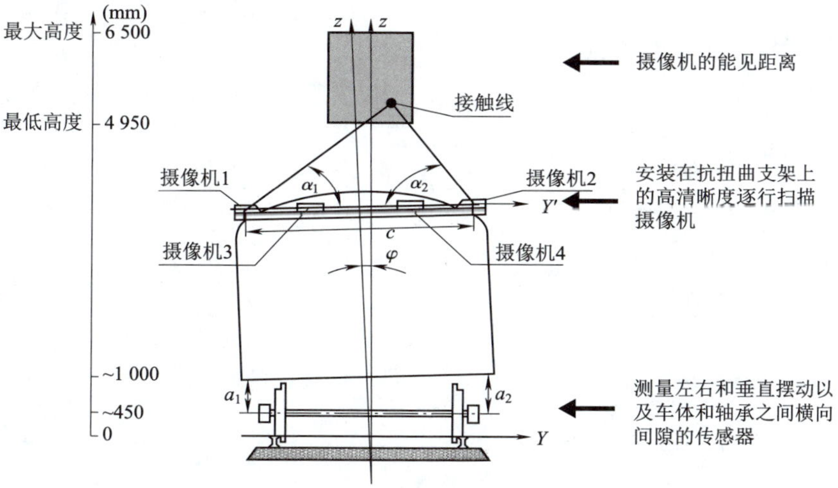

图 15-2-5　非接触式检测系统工作原理图

(7)评估检测结果，提出精调报告

检测技术人员根据评估技术标准，对检测结果(图 15-2-6)进行分析评估，提出对接触线高度、坡度、拉出值、吊弦高差、弹吊张力大小等超标缺陷进行精调的报告(表 15-2-1)，交作业队进行精调。

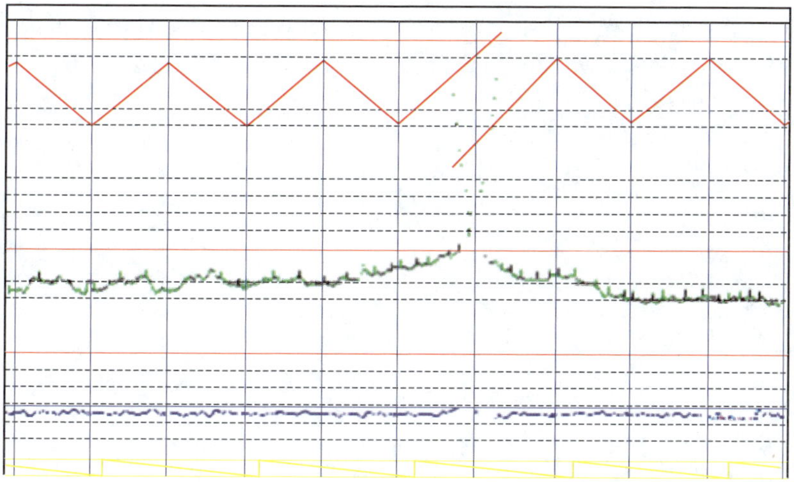

图 15-2-6　非接触式检测结果波形图

表 15-2-1　静态测量车的曲线图中的缺陷分类

降低悬挂点导高 0.5 cm	A0.5	增加悬挂点导高 0.5 cm	B0.5
降低悬挂点导高 1.0 cm	A1.0	增加悬挂点导高 1.0 cm	B1.0
降低悬挂点导高 1.5 cm	A1.5	增加悬挂点导高 1.5 cm	B1.5
降低悬挂点导高 2.0 cm	A2.0	增加悬挂点导高 2.0 cm	B2.0
降低悬挂点导高 2.5 cm	A2.5	增加悬挂点导高 2.5 cm	B2.5
降低悬挂点导高 3.0 cm	A3.0	增加悬挂点导高 3.0 cm	B3.0
降低悬挂点导高 3.5 cm	A3.5	增加悬挂点导高 3.5 cm	B3.5
降低悬挂点导高 4.0 cm	A4.0	增加悬挂点导高 4.0 cm	B4.0
降低悬挂点导高 x cm	Ax	增加悬挂点导高 x cm	Bx
拉出值有错	C	加大弹性吊索张力	E
降低弹性吊索张力	D	现场检查	CS
中心锚结绳过紧	F	吊弦有问题	DP
吊弦高度差太大	G	掉电未测	PO
屋脊不在跨中	H	弹性吊索跳到中间左右对称	K
屋脊高度	I	中心锚结位置错误	F1
内转换导高	J		

(8)原因分析及处理方法

①一跨内或相邻一跨接触线高度连续普遍低或高(正负弛度),一般为弹性吊索张力所引起。

a. 接触线高度低是由于弹性吊索张力过大。由于安装时吊索张力大于设计值,使弹吊与承力索连接处的承力索弛度变大,跨中吊弦长度却未发生变化,导致跨中出现弛度,即接触线高度变低,如图 15-2-7 所示。

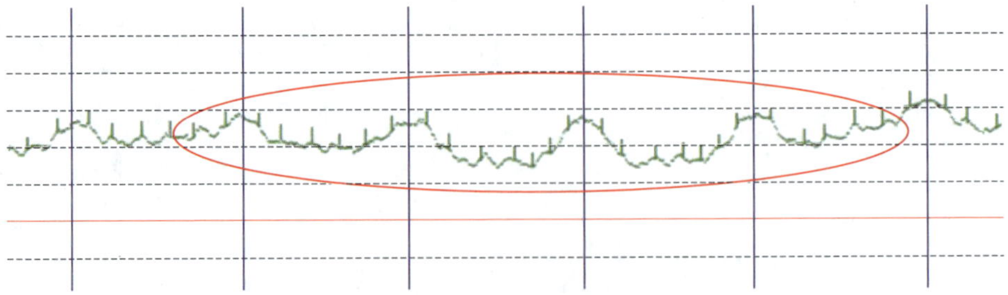

图 15-2-7　弹吊张力大于设计值造成跨中正弛度

处理方法:在现场进行实测确认后,在远离中锚一侧的弹性吊索一端加装弹性吊索紧线装置,松开弹吊线夹,紧弹性吊索。同时在靠近中心锚结侧跨的跨中,用激光测量仪测跨中的导高，导高符合设计要求时，紧线人员将弹吊线夹循环拧紧，紧固力矩应符合设计要求(注意应从中心锚结方向向起下锚方向推进)，处理后必须复测确认，接触线高度应符合验标要求。

b. 接触线高度高是由于弹性吊索张力过小。由于安装时张力小于设计值，使弹吊线夹处的承力索弛度变小，跨中吊弦长度却未发生变化，所以跨中会产生负弛度，即接触线高度变高，如图 15-2-8 所示。

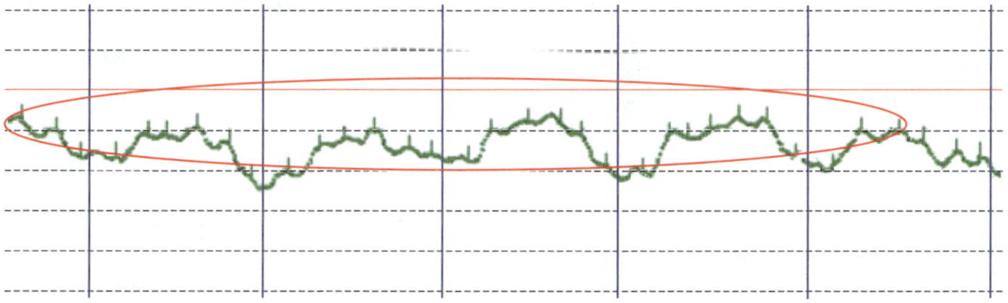

图 15-2-8　吊索张力小于设计值造成跨中负弛度

处理方法：在现场进行实测确认后再进行调整，调整方法与弹吊张力小基本一致，只不过是要减小弹吊张力。松开弹吊线夹的同时，在靠近中心锚结跨中用激光测量仪测接触线高度，符合设计要求后，将弹吊线夹循环拧紧，紧固力矩应符合设计要求(注意应从中心锚结方向向起下锚方向推进)。处理后必须复测确认，接触线高度应符合验标要求。

②悬挂点接触线高度或高或低，原因为悬挂点承力索座高度不正确或拉出值超标。

a. 承力索高度、腕臂底座安装测量不准或安装孔位不正确，误差较大，在测量承力索高度时，没有固定在一个点，或没有测到线材中心，腕臂底座位置没有按标准的红线为基准点测量，如图 15-2-9 所示。

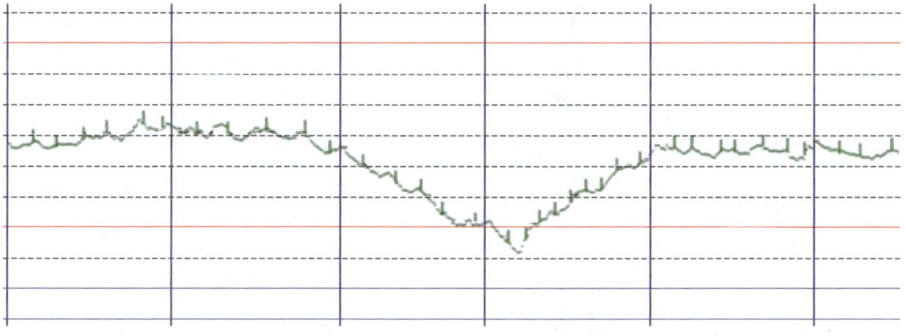

图 15-2-9　测量不准造成悬挂点低

处理方法：现场先实测确认，如高度相差过大，可采取调整水平腕臂与斜腕臂连接的套管座位置，松开套管座后，如悬挂低，向支柱侧移(一般需抬高多少，就移动多少，基本上为 1∶1)到位后将螺栓循环紧固并用力矩扳手检测达标。为一次到位，可查腕臂计算资料，计算出调整所需尺寸。完成后，应检测接触线高度，并符合验标要求。

b. 拉出值超标所引起的悬挂点接触线高度不正确，是因为悬挂点的接触线高度在水平力(即定位器的拉力)和垂直力(定位器的上抬力)作用下，是处于自然平衡状态的。垂直力是基本不变的，水平力大，即拉出值大，接触线高度就高于设计值。水平力小，即拉出值小，接触线高度就低于设计值，如图 15-2-10 所示。

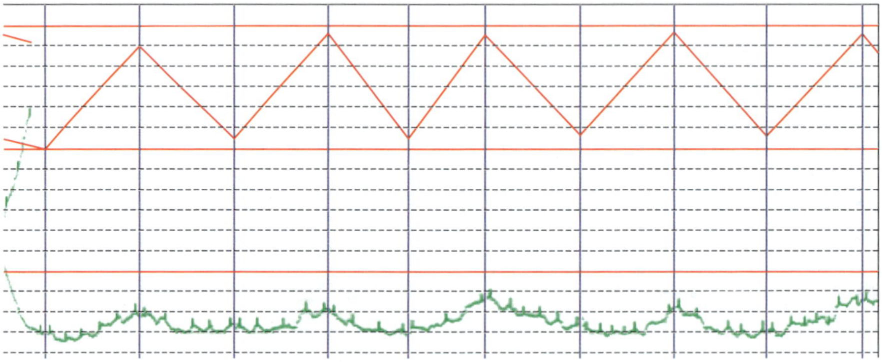

图 15-2-10　拉出值大或小造成悬挂点高或低

处理方法：因拉出值超标所引起的悬挂点接触线高度相差不会太大，可采用增、减拉出值的方法(直线拉出值减小 20 mm，接触线高度可降低约 6 mm)，但必须保证拉出值在设计值加、减 30 mm 的范围之内，即拉出值应符合验标要求。完成调整拉出值后，应将接触线向上抬两三下，使水平力改变后，定位器处于正常状态，再检测接触线高度，并符合验标要求。

③定位点两侧接触线高差超标，一侧接触线高度低，另一侧接触线高度高，如图 15-2-11 所示。其原因：一是弹性吊索安装位置不在腕臂中心，一侧长一侧短，导致长的一侧靠近悬挂点半跨使接触线高度低，短的一侧靠近悬挂点半跨使接触线高度高；二是吊弦安装位置不对或吊弦长度不对，导致定位点与两侧弹吊吊弦高度不一致。

处理方法：现场先实测确认后再进行调整。如果是弹吊安装不居中，大于 20 mm 的技术要求，应对弹性吊索重新安装调整，并在跨中测量接触线高度，符合设计要求后，将弹吊线夹拧紧。同时调整吊弦位置或更换吊弦，安装后应复测接触线高度，保证定位点与两侧弹吊吊弦高度一致，高差控制在 5 mm，弹吊吊弦与跨中第一吊弦误差不大于 10 mm。

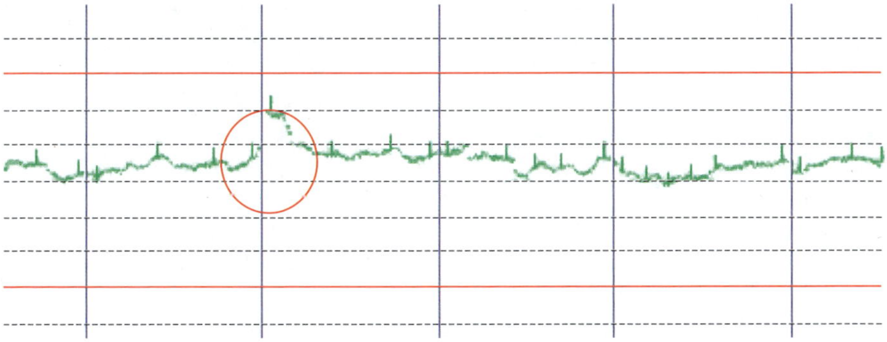

图 15-2-11　定位点两侧高差超标

④定位点接触线高度形成“V”字形，如图 15-2-12 所示。主要原因是定位器倾斜度过小或过大，以及定位管的高度过低或过高，还有一种原因是吊弦长度不对等。

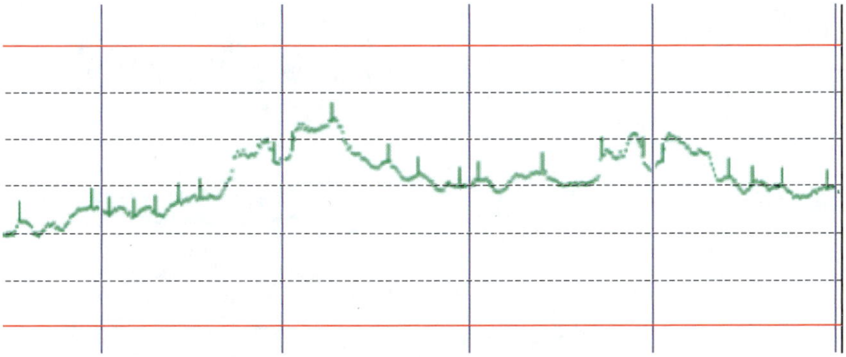

图 15-2-12　定位点接触线高度形成“V”字形

处理方法：现场复检后，正定位采用移动定位环位置将定位管抬高或降低，反定位移动斜拉线在定位管上的固定位置使其达标。如果是吊弦长度原因，应重新压接更换吊弦，精调后应用接触网激光检测仪检测，如果未达标应再精调直至达标。移动后的连接螺栓应用梅花扳手紧固并用力矩扳手检测达标。

⑤相邻定位点高差超标，如图 15-2-13 所示。其原因为悬挂点承力索座高度不正确，在测量或腕臂底座安装环节出现失误，导致腕臂及吊弦计算错误。

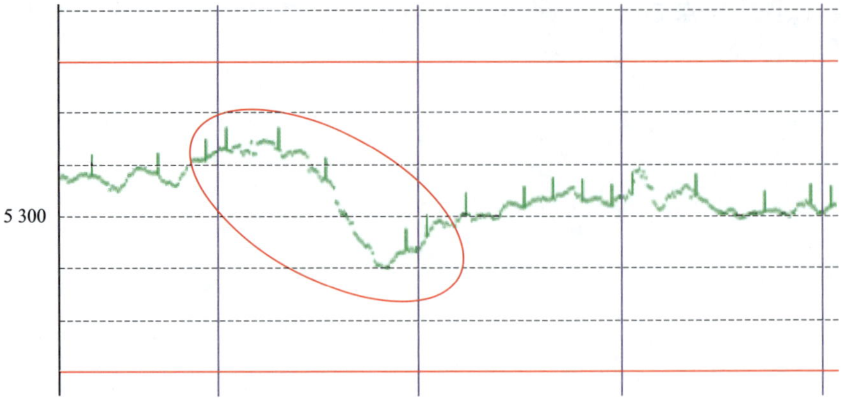

图 15-2-13 相邻定位点高差超标

处理方法：现场先实测确认，将至少三个及以上定位点作为整体参考，对接触线连续三个点的走向进行综合评定，如高度相差过大，出现坡度相反的现象，可采取调整水平腕臂与斜腕臂连接的套管座位置的方法，完成后检测接触线高度，对不适应要求的整体吊弦进行调整或更换，达到平缓过渡到相邻定位点高差不超过10 mm的验标要求。

⑥跨中吊弦高差超标，其原因主要有：

一是吊弦长度不正确、安装位置不对(安装错位)，如图 15-2-14 所示。

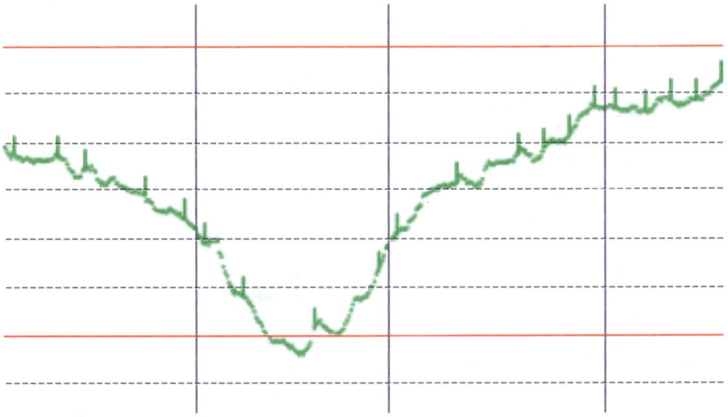

图 15-2-14 跨中吊弦高度超标

二是中心锚结绳过紧导致吊弦处接触线高度偏高，如图 15-2-15 所示。

三是由于集中载荷(电连接、接触线中心锚结线夹等)也会形成接触线高度误差(硬点)超标。

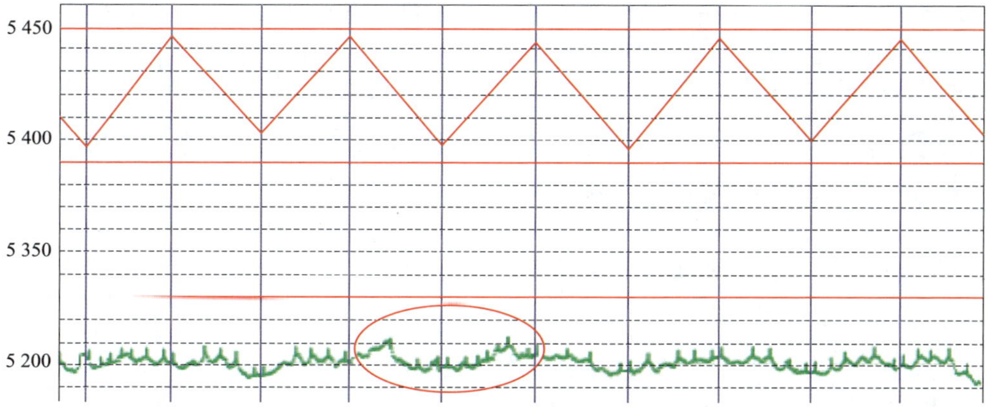

图 15-2-15　接触线中心锚结绳张力过大

处理方法：根据评估报告，按上述三种原因现场查找并确认：吊弦安装位置不对，重新调整或更换，将跨中相邻吊弦处接触线高度控制在不大于 5 mm 范围内，跨中不出现正、负弛度现象；中心锚结绳过紧，可采用移动承力索上的中心锚结线夹位置，使中心锚结线夹处接触线高度与相邻吊弦接触线高度误差控制在 0～5 mm 范围内，并不应低于正常的导高值；集中载荷，应重新压接更换吊弦，使其达标。克服后，应用接触网激光检测仪检测，如果未达标，应重新精调直到达标。注意凡松动过的线夹螺栓应用梅花扳手紧固，并用力矩扳手检测达标。

⑦锚段关节屋脊跨两侧转换柱悬挂点两工作支高差过大，其原因为转换柱腕臂底座一个装高一个装低，没有按测量标准红线测量安装高度，如图 15-2-16 所示。

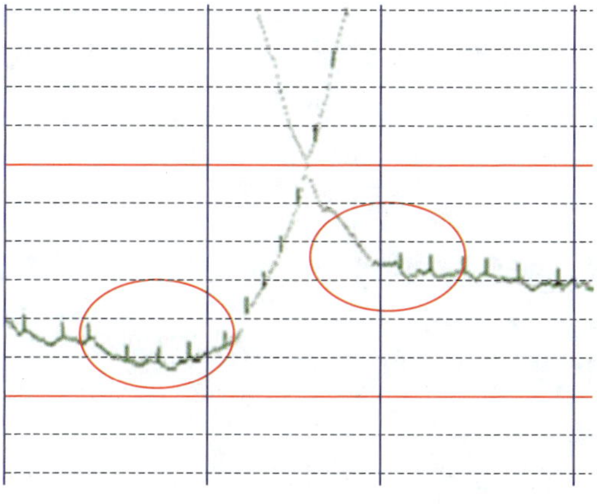

图 15-2-16　关节转换柱工作支高差过大

处理方法：现场实测确认后，根据波形图，将低腕臂升高，完成后复测接触线高度，两悬挂点接触线高度尽可能等高，误差越小越好。凡松过的连接螺栓应用力矩扳手拧紧，紧固力矩应符合设计要求。

⑧锚段关节屋脊等高点没有在跨中，其原因为转换跨吊弦计算、预制有问题，弹吊安装不规范，即没有严格按设计图施工，如图 15-2-17 所示。

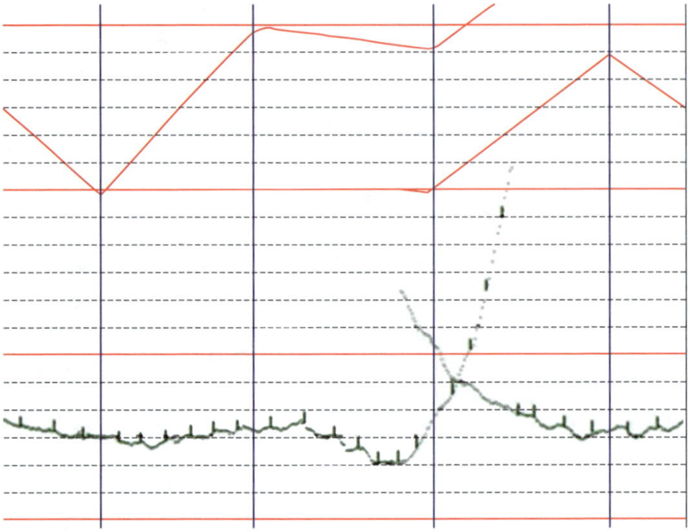

图 15-2-17　锚段关节屋脊等高点没有在跨中

处理方法：现场实测确认后，测量转换跨接触线高度和悬挂点结构高度，核对原计算资料和预制资料，第一、二转换跨距按设计图重新计算吊弦，预制、安装，并调整弹吊张力。完成后必须全面采用激光测量仪实测确认一遍，导高必须符合设计要求，且屋脊应在跨中间，等高点应高出正常高度 40 mm，偏差为 10 mm。

(9)复检

接触网精调全部完成后，应再次进行一次非接触式检测，以验证其彻底性。

(10)接触网精调

复检如还有个别问题时，应按上述①～⑧程序进行针对性的精调。

(11)结束

非接触式检测完成后，技术人员统计需要精调的数量，建立台账，精调整改记录表由作业队施工人员填报。

第三节　高速动态检测与精调

1. 适用范围

适用于高速铁路接触网高速动态试验检测。

2. 工序流程

高速动态检测与精调工序流程如图 15-3-1 所示。

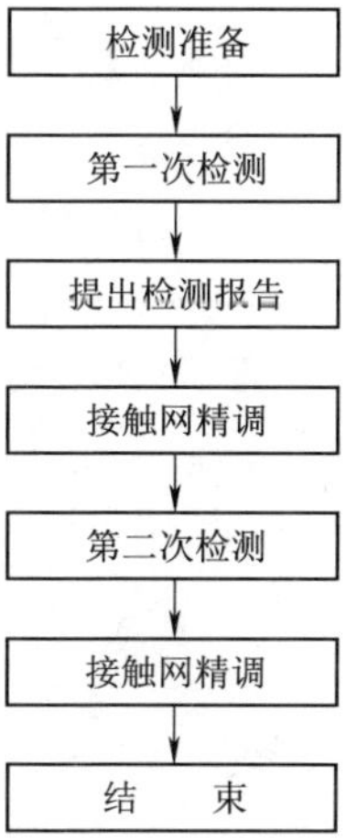

图 15-3-1　高速动态检测与精调工序流程图

3. 施工技术标准

(1)弓网动态接触力测试:运行中双弓平均接触压力应符合合同中给出的目标曲线,最小接触压力为正,最大接触压力小于 350 N,受电弓静态平均压力为(70±10)N。

(2)离线(火花)测定:离线火花的分析参数有最大火花时间、每公里火花次数、离线火花率,评判标准见表 15-3-1。

表 15-3-1　燃弧评价标准

最大燃弧时间	燃弧率	燃弧次数
<100 ms	5%	1 次/160 m

(3)接触线平顺性(受电弓所受的垂向加速度):受电弓允许承受的垂向加速度与速度的关系见表 15-3-2,其中硬点检测值超过标准值跨数应小于检测总跨数的 0.5%。

表 15-3-2　受电弓允许承受的垂向加速度与速度的关系

速度等级(km/h)	$V<200$	$200\leqslant V<300$	$300\leqslant V\leqslant 350$
硬点 a_v(m/s^2)	<490(50g)	<588(60g)	<686(70g)

(4)接触线动态高度:悬挂点处动态计算最大抬升量为 120 mm,设计中给出的自由无限制抬升量为计算值的两倍。

(5)受电弓运行状态图像监视。

4. 操作要点

(1)检测准备

①接触网工程全部竣工后,低速检测的缺陷已彻底克服,施工单位向建设单位提报低速检测完成报告,由建设单位提请具备检测条件的铁科院接触网动态检测部门进行接触网高速动态检测。

②铁科院接触网动态检测部门拟订《检测大纲》,并向铁路运输部门申报批准接触网动态检测动车组运行到检测线的电报(电报内容包括事由、到达的目的地、车次、动车组车况及特殊要求等)。检测技术人员在检测前事先安装调整检测设备,并达标。

③检测动车组到达后,技术负责人组织检测人员对检测设备、计算机等设备状况进行检查确认,检查其是否正常,试运行是否良好。否则应立即处理,保证其使用功能。

④检测负责人与施工负责人协商,对检测接触网的技术资料、准备检测的接触网具体条件、安全标准等事宜相互交底。

⑤检测技术人员根据接触网平面布置图及其他设计资料,在检测计算机内输入检测初始条件及预设杆号、里程等内容。

⑥检查检测受电弓是否已处于绝缘状态,如未绝缘应检查达标。车顶设备如图 15-3-2 所示。

图 15-3-2　动车组车顶的接触网无接触和接触(动态)检测

(2)第一次动态检测

①参加检测人员在封闭线路点前到达并上车,检测技术人员提前 30 min 对检测设备状态进行检查确认,并将检测结果向负责人报告。

②调度人员积极与车站联系动车组运行状况。司机接到封闭线路命令后,由负责人指挥操作升弓,并检查受电弓气压控制阀,观察弓网静态接触压力为 70 N。

检测技术人员在检测计算机上确认显示弓网静态接触压力为 70 N，并操作计算机进入检测记录状态，起动录像监视设备，对受电弓状态进行录像。司机听从值班人员指挥，起动动车组逐步提速到动态检测速度，进行动态检测。

③在机车操作室位置的安全监视人员密切观察受电弓附近及前方接触网状况，如遇紧急情况及时报告司机降弓。检测人员旁边的观察员应及时向检测技术人员报告检测异常情况。

④检测工程师随时监视检测计算机的检测状态，及时修正检测相关数据，保证检测的准确性，如图 15-3-3 所示。

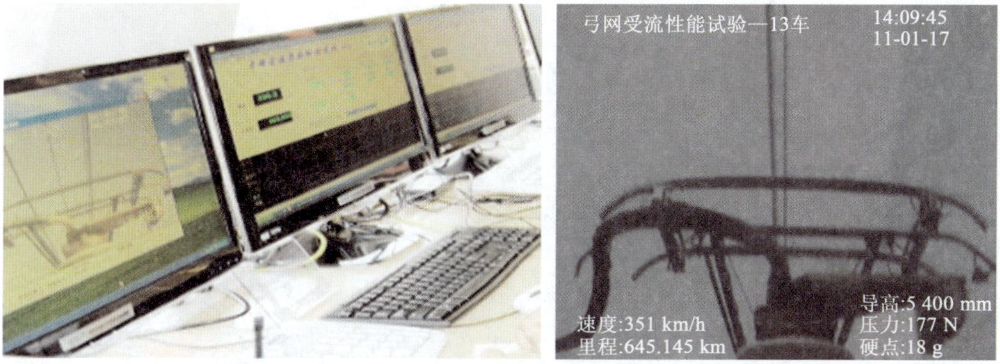

图 15-3-3　动车组内接触网检测装置及视频录像功能

⑤完成本次检测后，由检测技术人员打印出《检测超限报告》，并提交施工负责人。

(3)根据检测超限报告整治

施工负责人根据动态检测超限报告内容与静态检测报告进行对比分析，找出超限缺陷原因，制定处理方法。同时申报封闭线路施工点，组织作业人员精调达标并检查确认。

(4)第二次至第 n 次动态检测

①确认第一次动态检测出的超限缺陷已全部整治完毕，从第二次起，动车组按 180 km/h、200 km/h、210 km/h、220 km/h、230 km/h、240 km/h、250 km/h、270 km/h、290 km/h、310 km/h、330 km/h、350 km/h、370 km/h、385 km/h 的车速进行动态检测，动车组执行(2)、(3)程序(除检测车速外)进行动态检测。

②同一区段的接触网动态检测，每个速度等级应进行 2～3 个往返。

(5)结束

动态检测全部完成后，检测技术人员对检测进行评估，并做出检测报告，交施工项目部。项目部技术人员根据检测报告结果组织作业人员进行精调。

第十六章　送电开通

第一节　送电前各项检查

1. 适用范围

适用于高速铁路接触网送电前的检查工作。

2. 工序流程

接触网送电前各项检查工序流程如图16-1-1所示。

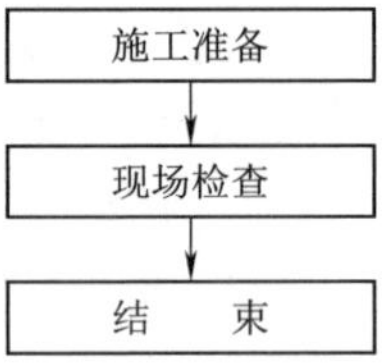

图16-1-1　接触网送电前各项检查工序流程图

3. 施工技术标准

(1)各供电分段的接线完整正确,绝缘距离、交叉跨越电气绝缘应满足表16-1-1的规定。

表16-1-1　空气绝缘间隙值

序号	有关情况		正常值(mm)	困难值(mm)
1	绝缘锚段关节两悬挂点间隙	一般情况(适用于任何高程)	450	—
		吸流压器处	300	—
2	同回路自耦变压器供电线带电体距接触悬挂或供电线体间隙		500	450
3	25 kV带电体距固定接地体间隙		300	240
4	25 kV带电体距机车车辆或装载货物间隙		350	—

续上表

<table>
<tr><th>序号</th><th colspan="2">有　关　情　况</th><th>正常值(mm)</th><th>困难值(mm)</th></tr>
<tr><td>5</td><td colspan="2">受电弓振动至极限位置和导线被抬起的最高位置距接地体的瞬时间隙</td><td>200</td><td>160</td></tr>
<tr><td>6</td><td colspan="2">隔离开关引线,电连接接线(包括跨另一支接触悬挂时)及自耦变压器供电线,供电线跳线距接地体间隙</td><td>330</td><td>—</td></tr>
<tr><td>7</td><td colspan="2">在对向风吹,风速为 13 m/s 时,25 kV 带电体与自耦变压器中线或保护线的间隙</td><td>250</td><td>—</td></tr>
<tr><td rowspan="2">8</td><td rowspan="2">绝缘元件接地侧裙边距接地体间隙(适用于任何高程)</td><td>瓷及钢化玻璃绝缘子</td><td>100</td><td>75</td></tr>
<tr><td>负荷绝缘子</td><td>50</td><td>—</td></tr>
<tr><td>9</td><td colspan="2">25 kV 带电体距跨线建筑物底部的静态间隙</td><td>500</td><td>300</td></tr>
</table>

(2)附加导线的弛度、相间及对地距离、交叉跨越距离、对建筑物及空气绝缘的距离应符合表 16-1-2 的规定。

表 16-1-2　附加导线跨越对地面及相互距离(单位:mm)

<table>
<tr><th colspan="2">有　关　情　况</th><th>供电线
自耦变压器
供电线
加强线
捷接线</th><th>自耦变压器
中　线
保护线
回流线
架空地线</th></tr>
<tr><td rowspan="3">导线在最大弛度时距地面高度</td><td>居民区及车站站台</td><td>7 000</td><td>6 000</td></tr>
<tr><td>非居民区</td><td>6 000</td><td>5 000</td></tr>
<tr><td>车辆、农业机械不能到达的山坡、峭壁、挡土墙和岩石</td><td>5 000</td><td>4 000</td></tr>
<tr><td rowspan="2">导线距峭壁挡土墙和岩石</td><td>无风时</td><td>1 000</td><td>500</td></tr>
<tr><td>计算最大风偏时</td><td>300</td><td>75</td></tr>
<tr><td rowspan="2">导线跨越铁路时</td><td>跨越非电化股道(对轨面)</td><td>7 500</td><td>7 500</td></tr>
<tr><td>跨越不同回路电气化股道(对承力索,或无承力索时对接触线)</td><td>3 000</td><td>2 000</td></tr>
<tr><td rowspan="2">不同相或不同分段两导线悬挂点间距</td><td>两线水平排列</td><td>2 400</td><td>—</td></tr>
<tr><td>导线垂直排列,上方为供电线,下方为供电线或回流线</td><td>2 000</td><td>—</td></tr>
<tr><td rowspan="2">与建筑物间的最小距离</td><td>最大弛度时最小垂直距离</td><td>4 000</td><td>2 500</td></tr>
<tr><td>边导线最大风时最小水平距离</td><td>3 000</td><td>1 000</td></tr>
</table>

(3)沿线的通信、信号、电力线路迁改已完毕,妨碍开通的障碍物、树木等已清理完毕。接触网距树木间的最小距离,水平不应小于 3.5 m,垂直不应小于 3.0 m。

(4)接触网供电线与变电所、分区所、开闭所等馈线的连接位置,以及电调模拟盘上的开关位置和编号与现场设备实际情况应一致。

(5)按照设计文件和开通示意图全面检查确认馈线的范围,电分段、分段绝缘器、分相绝缘器、隔离开关的位置,电连接线、吸上线、接地线的连接以及沿线所有设施包括各种标志牌防护设施的安装符合设计要求,确认所有距接触网带电部分 5 m 以内的金属结构物的接地线是否安装齐全可靠。

(6)电连接线、吸上线、接地线的连接牢固可靠、数量齐全,连接位置符合设计规定。

(7)在行人和车辆的通行道口及车站站台支柱以及有关作业车辆上悬挂"高压危险,禁止攀登"等警告提示牌。

(8)吊弦线夹、定位线夹、接触线接头线夹、中心锚结线夹、电连接线夹、分段绝缘器、分相绝缘器、线岔等无碰弓现象和不允许的硬点。

4. 操作要点

送电前,接触网进行全面质量大检查,确认工程质量符合设计要求,影响安全送电的因素均已排除,方可申请送电。送电前的检查由项目经理组织若干专业小组分段进行,检查项目主要有:

(1)沿线应拆迁的各种跨越、平行线路电力线、通信线等是否处理完毕。

(2)不符合安全距离要求的树木是否已经砍伐、修枝;接触网距树木间的最小距离,水平不应小于 3.5 m,垂直不应小于 3.0 m。

(3)不符合安全距离规定的建筑物是否已经拆除或安设防护栅,跨越接触网的立交桥及构筑物防护栅网安装是否符合设计要求、安装牢固、接地良好。

(4)各类绝缘子瓷件完整无损,瓷铁粘合牢固。

(5)隔离开关接线正确,触头接触密贴,传动系统灵活,无卡涩现象。

(6)附加导线的弛度、相间及对地距离、交叉跨越距离、对建筑物及空气绝缘的距离应符合相关标准规定。

(7)支柱号码及各种标志牌齐全。

(8)接触网送电开通前在行人和车辆的通行道口及车站站台支柱以及有关作业车辆上悬挂"高压危险,禁止攀登"等警告提示牌。

(9)冷滑试验及送电开通前,应用受电弓动态包络线检查尺对接触网进行检测。检查尺应按照设计给定的营业电力机车受电弓动态最大抬升量和最大摆动量按动态最大抬升量 225 mm(一般为最大抬升量的 1.5 倍,最大抬升量为150 mm)、左右最大摆动量 250 mm 制作,支持装置及定位装置任何部位均应在受电弓动态包络线范围以外。

(10)拉出值最大不应大于 400 mm,接触线线面正确,无弯曲、碰弓、脱弓现象,常速冷滑无不允许的硬点。

第二节　绝缘及导通试验

1. 适用范围

适用于高速铁路接触网绝缘测试及线路导通试验。

2. 工序流程

绝缘导通试验工序流程如图 16-2-1 所示。

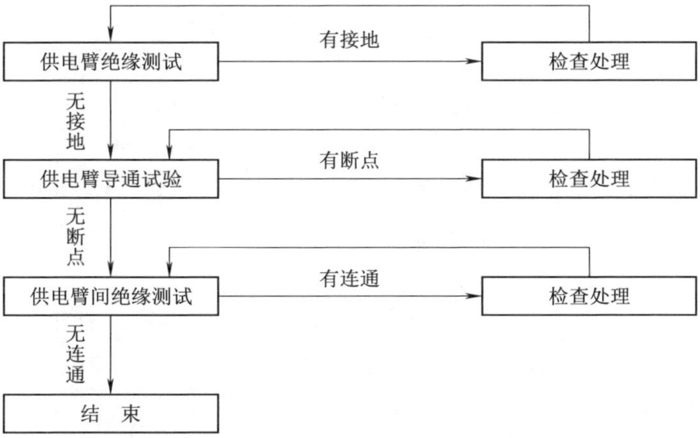

图 16-2-1　接触网绝缘测试及线路导通试验工序流程图

3. 施工技术标准

(1)供电臂绝缘测试使用 2 500 V 兆欧表,由于气候对绝缘电阻值影响很大,因此对绝缘电阻值不作规定。当绝缘电阻很低时,应分析其原因。

(2)记录绝缘测试值(应标明供电臂编号、电阻值)。

(3)供电臂导通试验测试结果为零,说明供电臂导通;测试结果不为零,说明供电臂有断点。

4. 操作要点

(1)供电臂绝缘测试

①将绝缘导线的一头接在兆欧表的 L 端子上,另一头固定在绝缘杆上;将另一条导线的一头接在兆欧表的 E 端子上,另一头接在任一隔离开关的接地线上,如图 16-2-2 所示。

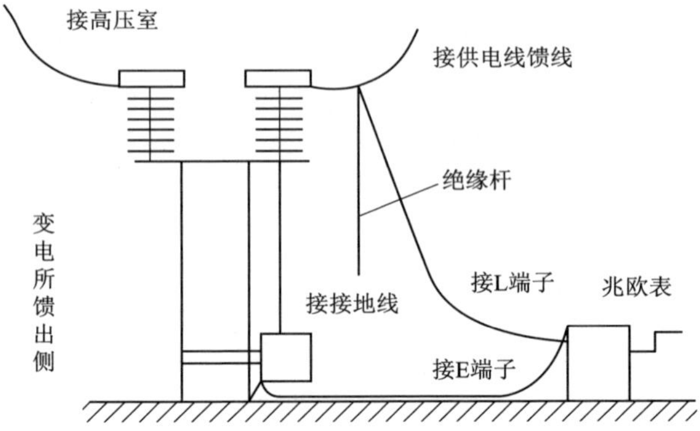

图 16-2-2 一个供电臂绝缘测试示意图

②接地测试命令后,将绝缘杆挂在被测供电臂馈线上,摇动兆欧表发电机(额定转速 120 r/min),待指针稳定后读取数据并记录。用同样的方法依次测试其他供电臂,最后向指挥部汇报结果。

③指挥组根据结果判断,对有接地的供电臂,命令检查处理组进行检查处理,处理结束后,向指挥组汇报。指挥组命令变电所测试组再次对该供电臂进行绝缘测试,直至供电臂绝缘正常。

(2)供电臂导通试验

①指挥组命令各供电臂末端测试组在供电臂末端挂好接地线,并向指挥组汇报。

②指挥组命令变电所测试组分别对各供电臂进行导通试验,测试方法同绝缘测试。变电所测试组导通试验完成后,向指挥组汇报结果。

③指挥组根据试验结果,通知供电臂末端测试组拆除地线撤离现场;对有断点的供电臂,命令检查处理组查找供电臂断点,处理后向指挥组汇报。指挥组命令变电所测试组、供电臂末端测试组重新对该供电臂进行绝缘测试及导通试验,结果均正常后,导通试验结束。

(3)供电臂间绝缘测试

①将接兆欧表 E 端子的绝缘导线的另一头固定在另一绝缘杆上,其他接线同“绝缘测试”接法。

②接到测试命令后,根据测试需要分别将两个绝缘杆挂在被测的两条馈线上,摇动兆欧表发电机,待指针稳定后,读取数据并记录。用同样方法分别对其他两供电臂进行测试,测试次数按式(16-1)计算,并向指挥组汇报结果。供电臂间绝缘测试示意如图 16-2-3 所示。

$$y=n(n-1)/2 \tag{16-1}$$

式中　y——测试次数;

　　　n——供电臂个数。

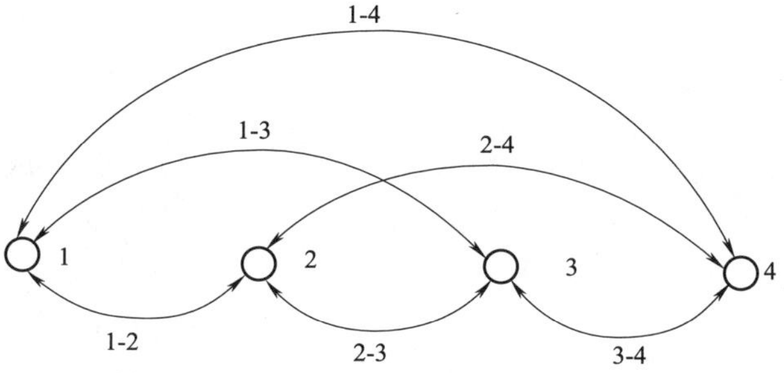

图 16-2-3　供电臂间绝缘测试示意图

③指挥组根据测试结果,如确认供电臂有连通现象,通知检查组检查处理。处理后向指挥组汇报,指挥组命令变电所测试组对两供电臂再次进行测试,并汇报结果,确认无连通后,测试结束。

(4)结束

试验负责人将测试结果做正式记录。

第三节　送 电 开 通

1. 适用范围

适用于高速铁路接触网送电开通。

2. 工序流程

接触网送电开通工序流程如图 16-3-1 所示。

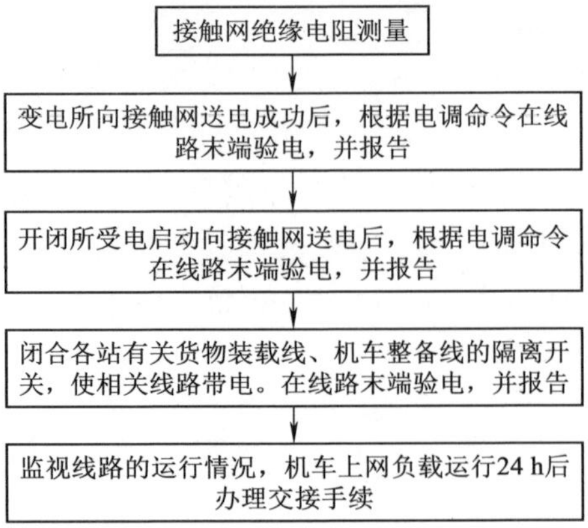

图 16-3-1　送电开通工序流程图

3. 施工技术标准

接触网送电后，各供电臂始、终端确保有电。接触网送电成功后，空载运行 1 h，可进行电力机车负载热滑试验。开通后 24 h 无事故，即可办理正式交付运营单位临管。开通区段接触网绝缘良好。

4. 操作要点

(1)在送电开通的当天，接触网专业还需按电调命令对有关的供电臂进行绝缘测试，并将测试结果向电力调度报告。

(2)各牵引变电所分别向接触网送电后，由接触网专业在有关的供电臂末端验电，并向电调报告验电结果。

(3)有关接触网带电后，变电专业启动相关开闭所及分区所并向管辖区段接触网送电，由接触网专业在有关供电臂末端验电，并向电调报告验电结果。

(4)接触网全部带电后，由接触网专业将有关车站向货物装卸线、工业专用线供电的隔离开关打开，并向电调报告设备钥匙移交结果。

(5)在机车负载上网运行后，要积极了解掌握机车运行情况，加强巡视，检查接触网与受电弓的接触状况以及是否存在拉弧现象，观察接触网绝缘子是否存在击穿或闪络现象。

(6)线路巡视人员发现异常情况，要及时、就近利用有效的通信工具立即与电调取得联系，报告发现的情况，避免发生停电或触电伤亡事故。

(7)机车负载安全可靠运行 24 h 或双方约定的时间后，与运营接管单位办理运行交接手续。